北京市应急管理青年人才促进会　组织编写

北京市应急志愿者手册

应急管理出版社
·北　　京·

图书在版编目（CIP）数据

北京市应急志愿者手册 / 北京市应急管理青年人才促进会组织编写. --北京：应急管理出版社，2022

ISBN 978-7-5020-9529-1

Ⅰ.①北… Ⅱ.①北… Ⅲ.①突发事件—志愿者—社会组织管理—北京—手册 Ⅳ.①D669.3-62

中国版本图书馆CIP数据核字（2022）第178805号

北京市应急志愿者手册

组织编写 北京市应急管理青年人才促进会
责任编辑 闫 非 郭玉娟
责任校对 李新荣
封面设计 王 滨

出版发行 应急管理出版社（北京市朝阳区芍药居35号 100029）
电　　话 010-84657898（总编室） 010-84657880（读者服务部）
网　　址 www.cciph.com.cn
印　　刷 北京盛通印刷有限公司
经　　销 全国新华书店

开　　本 710mm×1000mm 1/16 **印张** 14 1/4 **字数** 146千字
版　　次 2022年11月第1版 2022年11月第1次印刷
社内编号 20221179 **定价** 86.00元

编写组

组　长　谢汉明

组　员　刘怡喆　宋喜媚　何忠杰　杨　波
郑羽莎　杨　娜　刘耀峰　郅梦萍
童　桐　赵　晨　李崇赫　田丽娜
李　艳　王　海　田恒廷　王　敏
余长安　刘晓艳　邓　瑶　张玉昆
高雅莉　郭遐晖　周　圆　杨　红
张靖涵

顾问组

组　长　薛映宾

组　员　刘　娜　王　育　张晓红

前言

志愿服务是社会文明进步的重要标志。作为首善之都，我市广大应急志愿者坚持首善标准，积极投身应急科普宣教、自救互救技能传授、突发事件应急响应等工作，在首都应急管理领域发挥了积极作用。当前，全市应急志愿者队伍市、区、街道（乡镇）三级体系逐步健全，应急志愿者分类分级服务管理有序推进，应急志愿者队伍共训共练广泛组织，应急志愿服务活动常态开展，应急志愿服务“北京模式”日渐完善。在此背景下，编写一本全市广大应急志愿者的基础性学习与工作手册，正当其时，很有必要。

《北京市应急志愿者手册》主要涵盖了我市应急志愿服务工作、应急管理工作基本情况、突发事件处置基础知识、应急救护基本技能、应急志愿服务中的心理危机干预等内容。本书编写工作坚持科学严谨、务求实用、防救结合、图文并茂、开放包容的原则，希望广大应急志愿者通过学习，能够掌握基本应急知识和救护技能，持续提升应急意识和能力，为今后应急志愿服务工作筑牢理论基础。同时，本书也可作为广大社会公众学习应急知识和技能的参考资料。

本书编委会

2022 年 8 月

目录

第一章 概述

本章主要介绍了应急志愿者和应急志愿服务的基本概念，北京市应急志愿服务工作的发展历程、基本现状和发展规划，以及北京市应急志愿者必备的知识，以便应急志愿者更有序有效地参与和开展应急志愿服务工作。

第一节
/
应急志愿者和应急志愿服务

一、应急志愿者

（一）定义

应急志愿者是指以自己的时间、知识、技能、体力等从事应急志愿服务的自然人。

应急志愿者可依法成立或参与非营利性应急志愿服务组织，以开展应急志愿服务为宗旨开展活动。

（二）北京市应急志愿者标志

北京市应急志愿者标志（图1-1）由北京应急标志、中国青年志愿者标志、字母“BVF”组合而成，诠释了应急工作和志愿服务的特点；寓意志愿者团结一心，积极参与应急工作。

图1-1　北京市应急志愿者标志

根据《北京市应急管理标志使用管理手册》规定，应急标志以三条弧线为主图形，相互层叠，形成天坛外形轮廓的变形体，体现了北京市的地域特色，凸显出北京市作为国家首都、国际城市的整体定位。文字部分由“北京应急”及其英文首字母“BEM”组成。标志整体极具动感，体现了应急管理的迅速与高效。应急标志整体采用红色，象征热情与力量，关怀与呵护，寓意政府的责任感和以人为本的理念。

根据《中国青年志愿者标志基本规范》规定，中国青年志愿者标志通称“心手标”，其整体构图为心的造型，同时也是英文“青年”第一个字母Y；图案中央既是手，也是鸽子的造型，寓意青年志愿者向需要帮助的人们奉献一份爱心，伸出友爱之手，立足新时代、展现新作为，弘扬奉献、友爱、互助、进步的志愿精神，以实际行动书写新时代的雷锋故事。

“BVF”是北京市志愿服务联合会的英文缩写，表示作为全市志愿者队伍的重要组成部分，北京市应急志愿者在北京市志愿服务联合会的引领、联合、服务、促进中加强建设、发挥作用。

（三）应急志愿者的基本条件

（1）年满十八周岁，身心健康，具备完全民事行为能力。

（2）具备参加应急志愿服务相应的基本能力和身心素质。

（四）应急志愿者誓词

北京市应急志愿者誓词为：我宣誓，自愿成为一名光荣的北京志愿者，我将自觉践行“奉献、友爱、互助、进步”的志愿服务精神，面对需求，积极行动，争做新时代的前行者、引领者，为祖国争光，为首都添彩。

（五）应急志愿者的实名注册

鼓励应急志愿者实名注册。应急志愿者的实名注册有利于保障应急志愿者的权益，有助于加强应急志愿者队伍的管理，有益于应急志愿服务活动的开展。

应急志愿者可以通过“志愿北京”信息平台自行注册，也可以通过志愿服务组织注册。志愿者提供的个人基本信息应当真实、准确、完整。

（六）自发应急志愿者的管理

在突发事件应急处置中，自愿参与应急志愿服务且未正式注册的志愿者，可与突发事件发生地应急志愿服务组织取得联系，根据应急志愿服务内容和志愿者自身条件有序参与应急志愿服务活动。鼓励尚未实名注册、但已参加应急志愿服务活动的个人尽快完成注册，其参与应急志愿服务活动的时长将按照有关要求进行补录。

二、应急志愿服务

（一）定义

应急志愿服务是指志愿者、志愿服务组织和其他组织自愿、无偿向社会或者他人提供的与应急管理工作相关的公益服务。

（二）应急志愿服务的基本特征

应急志愿服务是现代国家应急体系的有机组成部分，虽不能取代政府及其专业救援机构在灾害防救中的功能，但其具有灵活度高、创新性强、反应快、接近受助对象、应变能力好、服务种类全等特点，因而能够很好地弥补专业救援队伍的不足，是政府救援力量的有效补充。

（三）应急志愿服务的基本原则

应急志愿服务应当遵循“安全第一、生命至上、专业高效、平等互信、诚实守法、自愿无偿”的原则，不得违背社会公德、损害社会公共利益和他人合法权益，不得危害国家安全和社会稳定。

（四）应急志愿服务的主要分类

《北京市志愿服务促进条例》第二十五条明确规定：组织开发应急救援类志愿服务项目，引导志愿者有序参与防灾避险、疏散安置、急救技能等公共安全与突发事件应对知识的宣教和普及，提高社会公众应对突发事件的意识和能力。

应急志愿服务主要分为日常应急志愿服务和应对突发事件应急志愿服务两类。

（1）日常应急志愿服务：包括应急科学传播、专业培训演练、安全隐患排查、动态风险评估、赛会应急服务、城市运行保障等内容。

（2）应对突发事件应急志愿服务：包括信息收集报告、先期应急处置、协同专业救援、善后恢复服务等内容。

（五）应急志愿服务的组织管理

建立健全由精神文明建设委员会办事机构牵头、突发事件应急委员会办事机构统筹、有关部门和单位参加的应急志愿服务工作协调机制。

突发事件应急委员会办事机构协助精神文明建设委员会办事机构，负责本行政区域内应急志愿服务工作的统筹规划、协调指导、督促检查、经验推广和宣传表彰。

其他有关部门按照各自职责，负责与应急志愿服务有关的工作。

北京市应急志愿服务总队作为全市应急志愿服务工作的议事协调和管理服务机构，秘书处设在市应急管理青年人才促进会，委托其负责日常建设和管理工作。

各应急志愿服务组织应通过“志愿北京”信息平台发布项目、招募应急志愿者，并根据需要通过指定方式进行活动报备。鼓励应急志愿者通过“志愿北京”信息平台报名参加应急志愿服务活动。应急志愿服务组织和应急志愿者在参与本市应对突发事件的志愿服务活动时，应接受市、区突发事件应急指挥机构的统一指挥、协调。

任何组织和个人不得以应急志愿服务名义进行营利性活动，应急志愿服务组织和应急志愿者不得向服务受众收取或者变相收取报酬。

第二节 / 北京市应急志愿服务工作基本情况

一、发展历程

自新中国成立以来，我国的志愿服务伴随着社会发展呈现出阶段性特点。应急志愿服务作为志愿服务的重要组成部分，在社会进步过程中得到了长足发展。

2008年，汶川地震中我市广大志愿者第一时间参加救援并发起灾后重建“接力计划”；在北京举行的第29届夏季奥运会有力助推了我市应急志愿服务事业的发展。

2009年，市政府将应急志愿者队伍建设工作纳入“北京市2009年在直接关系群众生活方面拟办的重要实事”中的第50项，由团市委牵头、市应急办协助，在全市“建立应急志愿者队伍，与防汛抗旱、抗震救灾、突发公共卫生事件、重大动物疫情等全市14个应急指挥部及29个应急避难场所对接，开展志愿服务工作”。

2011年5月12日，时任市委副书记、市长、市应急委主任郭金龙同志为“北京市应急志愿者服务总队”授旗，市级应急志愿服务枢纽型组织正式成立。

2013年1月30日，北京市突发事件应急委员会办公室、共青团北京市委员会印发《关于印发北京市应急志愿者管理（暂行）办法的通知》，明确规定本市依托应急管理体系和志愿者组织管理体系，建立应急志愿者工作协调机制，开展应急志愿服务工作。2013年2月，北京市政府出台《关于进一步加强本市应急能力的意见》，将北京市应急志愿服务纳入全市应急工作体系。

2018年11月，市应急管理局组建后，逐步形成由精神文明建设委员会办事机构牵头、突发事件应急委员会办事机构统筹、有关部门和单位参加的应急志愿服务工作协调机制。

2020年1月，“北京市应急志愿者服务总队”更名为“北京市应急志愿服务总队”，并开设微信公众号，为应急志愿者、应急志愿服务组织、应急志愿服务活动及社会公众提供信息服务。

2021年5月12日，北京市突发事件应急委员会办公室等六部门联合印发《关于进一步加强北京市应急志愿服务工作的指导意见》，明确了我市应急志愿服务工作的指导思想、基本原则、建设目标、重点任务。

2022年8月18日，北京市突发事件应急委员会办公室等六部门联合印发《北京市应急志愿服务管理办法》，明确界定了应急志愿服务的组织体系，解释了我市应急志愿服务实行“分级分类”管理，理顺了市、区、街道（乡镇）三级体系，规范了应急志愿服务的范围和方式，健全完善对应急志愿服务的保障激励措施。

二、基本现状

近年来，我市应急志愿服务队伍发展迅速、表现活跃，在普及应急知识技能、参与应对事故灾难、开展自救互救等方面发挥了积极作用，已成为我市应急队伍体系的重要组成部分。据北京市志愿服务联合会提供的数据，截至2022年6月底，全市在“志愿北京”信息平台实名注册的应急志愿者超过13万人，应急志愿者队伍超过6000支。

当前，全市的应急志愿服务工作呈现良好态势：相关职能部门建立了工作协同机制，应急志愿服务工作的配套保障较为全面，成立了“北京应急志愿者之家”，为应急志愿者统一提供应急志愿服务专项保险，依托“志愿北京”平台解决了信息化需求；应急志愿者队伍的体系建设成效明显，市、区、街道（乡镇）三级应急志愿服务队伍有序组建，市应急志愿服务总队枢纽作用逐渐显现，全市形成了较好的应急志愿者队伍建设格局；应急志愿者的能力提升路径清晰，培训课程体系和师资力量不断健全，全市骨干集训、各队组织内训、队伍共训共练成为常态；应急志愿服务活动经验较为丰富，“应急志愿服务在行动”系列活动成为品牌，应急志愿者队伍共训共练机制逐步健全，赴京外救援的力量不断增强，应急志愿服务对外合作交流成为常态。

三、发展规划

（一）指导思想

坚持以习近平新时代中国特色社会主义思想为指导，深入学习贯彻习近平总书记关于应急管理和志愿服务工作系列重要指示精神，坚持首都首善标准，适应应急管理发展形势，以队伍建设为重点，以能力建设为支撑，以制度化、规范化建设为保障，打造应急志愿服务“北京模式”，为建设国际一流和谐宜居之都和保障广大市民安康幸福作出重要贡献。

（二）建设目标

全面落实市委市政府关于加强应急志愿服务工作的指示要求，加强顶层设计，健全制度机制，分级分类管理，规范工作运行，增强综合保障，形成“应急管理部门牵头、多个部门协同、社会力量参与”的应急志愿服务工作格局，出台一套以《北京市应急志愿服务管理办法》为核心的配套文件；到2025年，达到“全市应急志愿者人数占全市常住人口1%以上”的数量规模，建成覆盖全市的市、区、街道（乡镇）三级队伍体系；引导广大应急志愿者积极完成“16小时演练+32小时培训+48小时服务”的年度目标，实现“全市全年线下参与超100万人次，线上覆盖超2000万人次”的活动目标；确保应急志愿者的合法权益得到充分保障，应急志愿者队伍的建设发展获得有力支撑，应急志愿服务工作社会影响力不断加大，应急志愿服务在应急管理工作中的作用更加明显。

（三）工作原则

（1）统一领导，分工负责。在各级党委统一领导下，各相关部门要落实主体责任，加强谋划部署，科学统筹调度，不断推进应急志愿者队伍建设，有效提升应急志愿服务整体水平。

（2）综合协调，多方融合。建立健全应急志愿服务工作的协调联动机制，顺畅沟通渠道，整合各方资源，加强工作交流，促进业务融合，着力避免政出多门、交叉部署、重复建设等现象。

（3）分级分类，规范建设。建立应急志愿者队伍市、区、街道（乡镇）三级体系，结合专业特点和服务方向，对应急志愿者队伍进行分类，明确职能定位，把握建设重点，提升功能效果。

（4）属地为主，服务基层。以社区（村）为重点加强应急志愿服务工作，属地相关部门要对辖区内的应急志愿服务工作加强指导，并在场地设施、物资装备、业务培训等方面加大扶持力度。

（四）重点任务

按照管理体系、培训机制、运行模式、综合保障“四位一体”全面推进的思路，加强顶层设计，健全制度机制，持续打造应急志愿服务工作“北京模式”，充分发挥应急志愿服务在应急管理工作中的积极作用。

（1）完善应急志愿者队伍管理体系。一是推进应急志愿者队伍分级分类管理，建立市、区、街道（乡镇）三级体系，依照主要从事的应急志愿服务专业领域进行分类管理。二是改进应急志愿者招募工作，鼓励专业人才登记注册加入队伍，鼓励队伍自主开展招募工作。三是抓好应急志愿服务总队建设，在业务指导、需求对接等方面为全市应急志愿者队伍提供服务。四是拓展应急志愿服务综合信息平台功能，实现网上注册审核、宣教培训、考核评定、监督管理、信息交互。

（2）健全应急志愿者能力培训机制。一是指导应急志愿者业务能力培训，建立规范化、系统化的应急志愿者培训体系。二是提升应急志愿者队伍救援协同能力，推动与专业队伍建立共训共练和协同配合的机制。三是组织应急志愿服务工作评估，引导应急志愿者队伍参与等级评估，鼓励应急志愿者参与星级评定。

（3）规范应急志愿服务运行模式。一是明确应急志愿服务工作规范，针对不同的应用场景研究制定相应的应急志愿服务规范。二是打造应急志愿服务活动品牌，广泛开展“应急志愿服务在行动”等科普宣传活动。三是开展应急志愿服务业务技能竞赛，营造“比学赶超”的良好氛围。

（4）加强应急志愿服务综合保障。一是修订《北京市应急志愿服务管理暂行办法》，并制定配套文件。二是整合应急志愿服务资源，为应急志愿者队伍解决训练场地不够、培训力量不强、建设经费不足等问题。三是维护应急志愿者权益，组织应急志愿者参加相关的知识和技能培训，提供必要的安全、卫生、医疗等方面的保障。四是加强应急志愿服务激励，分级分类树立典型，广泛宣传先进事迹。

第三节
/
北京市应急志愿者必备知识

一、应急知识

（一）突发事件

突发事件指突然发生，造成或者可能造成严重社会危害，需要采取应急处置措施予以应对的自然灾害、事故灾难、公共卫生事件和社会安全事件。

根据发生过程、性质和机理，突发事件主要分为以下四类：

（1）自然灾害：主要包括水旱灾害、气象灾害、地震灾害、地质灾害、海洋灾害、生物灾害和森林草原火灾等。

（2）事故灾难：主要包括工矿商贸等企业的各类安全事故、交通运输事故、公共设施和设备事故、环境污染和生态破坏事件等。

（3）公共卫生事件：主要包括传染病疫情、群体性不明原因疾病、食品安全和职业危害、动物疫情以及其他严重影响公众健康和生命安全的事件。

（4）社会安全事件：主要包括恐怖袭击事件、经济安全事件和涉外突发事件等。

（二）风险管理

公共安全风险是指自然灾害、事故灾难、公共卫生事件、社会安全事件等突发事件发生的可能性与后果。

突发公共安全事件的风险管理包括计划和准备、风险评估、风险控制、风险监测、风险预警、风险更新和风险沟通等环节。

风险监测,《中华人民共和国突发事件应对法》第四十一条规定:“国家建立健全突发事件监测制度。县级以上人民政府及其有关部门应当根据自然灾害、事故灾难和公共卫生事件的种类和特点，建立健全基础信息数据库，完善监测网络，划分监测区域，确定监测点，明确监测项目，提供必要的设备、设施，配备专职或者兼职人员，对可能发生的突发事件进行监测。”

风险预警,《中华人民共和国突发事件应对法》第四十二条规定:“国家建立健全突发事件预警制度。可以预警的自然灾害、事故灾难和公共卫生事件的预警级别，按照突发事件发生的紧急程度、发展势态和可能造成的危害程度分为一级、二级、三级和四级，分别用红色、橙色、黄色和蓝色标示，一级为最高级别。预警级别的划分标准由国务院或者国务院确定的部门制定。”第四十七条规定:“发布突发事件警报的人民政府应当根据事态的发展，按照有关规定适时调整预警级别并重新发布。有事实证明不可能发生突发事件或者危险已经解除的，发布警报的人民政府应当立即宣布解除警报，终止预警期，并解除已经采取的有关措施。”

（三）应急处置与救援

应急处置是指突发事件发生后，政府及其部门（单位）等应急处置主体，为尽快控制和减缓突发事件造成的危害和影响，防止事态扩大，防范引发次生、衍生事件，最大限度保护公众的生命和财产安全，依据国家法律法规、规章和有关预案所采取的行动和措施。

按照《北京市突发事件总体应急预案（2021年修订）》，本市应急响应一般由高到低分为四级：一级、二级、三级、四级。市、区相关部门，基层组织和单位等责任主体按照基本响应程序，启动相关应急预案的响应措施进行处置。当超出责任主体自身处置能力时，及时向上一级应急指挥机构提出请求，由上一级应急指挥机构提供支援或启动更高级别响应。对于事件本身比较敏感，或发生在城六区等重点地区，或发生在重大活动举办、重要会议召开等时期的，可适当提高响应级别。应急响应启动后，可视突发事件态势发展情况及时调整响应级别。

应急处置措施归纳起来主要可以分为救助性措施、控制型措施、保障性措施、预防性措施和动员性措施。在突发事件应对中，可能采取一种措施，也可能是某几种措施的组合，最终目的是控制突发事件态势，成功处置，最大限度保护人民生命和财产安全，最大限度减小对社会面的影响。

现场指挥部由总指挥、执行指挥和各工作组组长组成，实行总指挥负责制。总指挥行使重要事项决策和行政协调权，执行指挥行使专业处置权。现场指挥部可选择设置综合协调组、专业处置组、宣传信息组、治安交通组、事故调查组、通信保障组、医疗救护组、后勤保障组、专家顾问组等工作组。

突发事件应急处置的基本流程大体可分为：信息报送、先期处置与公众响应、分级响应、指挥协调、现场处置、社会动员、信息发布和舆论引导、响应结束、调查评估等。应急志愿者重点参与信息报送和先期处置两个环节的有关工作。

1. 信息报送

1）信息报送内容

突发事件信息报送内容包含时间、地点、信息来源、事件性质、危害程度、事件发展趋势、已采取的措施等。

2）信息报送渠道

（1）市应急指挥中心负责统一管理和接收处理本市行政区域内的突发事件信息。

（2）市紧急报警服务中心（110）和市市民热线服务中心（12345）负责受理、分析公民、法人或其他组织反映的各类信息，对可能发生各类突发事件的，应及时通报各相关单位。

（3）交通、通信、供水、排水、电力、燃气、热力等城市运行保障企业应充分发挥信息收集主渠道作用，第一时间收集并向市委办公厅、市应急办和市相关部门报送突发事件、城市运行信息，以及涉及安全稳定等方面的敏感信息。

3）信息报送要求

（1）获悉突发事件信息的公民、法人或其他组织，应当立即向事发地政府、有关主管部门或指定的专业机构报告。

（2）有关部门、专业机构、监测网点和负有信息报告职责的灾害信息员、专职安全员、城市协管员、群测群防员、气象信息员、生态林管护员等人员要结合工作职责，及时向所属部门报告突发事件信息，并参与先期处置。

（3）信息报送应当贯穿突发事件应急指挥与处置工作的全过程。对于仍在处置过程中的较大及以上突发事件，每30分钟续报一次该事件的人员伤亡、处置进展和发展趋势等情况，直到处置基本结束。

2.先期处置

突发事件发生后，事发单位和相关基层组织、社会组织等应立即开展先期处置。

（1）事发单位。事发单位要立即组织本单位应急队伍和工作人员科学营救受害人员，疏散、撤离、安置受到威胁的人员；采取其他防止危害扩大的必要措施；做好专业应急队伍的引导；向所在地政府及有关部门、单位报告。对因本单位问题引发的或主体是本单位人员的社会安全事件，要迅速派出负责人赶赴现场开展劝解、疏导工作。

（2）事发地区级部门。区级公安、交管、消防、医疗急救、应急、宣传及处置主责部门应按照职责，迅速调动有关专业应急力量赶赴现场，掌握现场态势，控制事态发展，减少人员伤亡和经济损失。

（3）事发地街道办事处、乡镇政府。乡镇（街道）要第一时间组织群众转移疏散，采取措施控制事态发展，做好专业应急力量引导等工作，及时向区委、区政府报告事件情况。

（4）事发地居委会、村委会和其他组织。事发地居委会、村委会和其他组织要按照区政府的决定、命令进行宣传动员，组织群众开展自救和互救，协助维护社会秩序。

（5）自救和互救。突发事件应对期间，受影响的公民、法人和其他组织应及时开展自救互救，并采取必要措施防止危害扩大；及时向政府有关部门和机构报告安全隐患和受灾情况；服从救援抢险部门、乡镇政府（街道办事处）的指挥和安排，配合做好应急处置与救援工作。

二、相关法规

应急志愿服务组织和应急志愿者参与突发事件应急救援工作应当熟知和遵循有关法规文件，其中涉及应急志愿服务方面的主要有：

1.《中华人民共和国突发事件应对法》

《中华人民共和国突发事件应对法》(简称《突发事件应对法》)由中华人民共和国第十届全国人民代表大会常务委员会第二十九次会议于2007年8月30日通过，自2007年11月1日起施行。现行《突发事件应对法》自2007年公布施行以来，为抗击地震、洪水、雨雪冰冻、新冠肺炎疫情等提供了重要法律制度保障，发挥了重要作用。近年来，突发事件应对管理工作遇到了一些新情况新问题，特别是新冠肺炎疫情对应对管理带来了新的挑战，这些都需要通过修改法律予以解决。2021年全国人大常委会会议拟对《突发事件应对法》进行修订，修订的主要内容包括畅通信息报送和发布渠道等。

2.《志愿服务条例》

2017年6月7日,《志愿服务条例》经国务院第175次常务会议通过，由国务院于2017年8月22日发布，自2017年12月1日起施行。《志愿服务条例》是为了保障志愿者、志愿服务组织、志愿服务对象的合法权益，鼓励和规范志愿服务，发展志愿服务事业，培育和践行社会主义核心价值观，促进社会文明进步而制定的法规。

3.《北京市志愿服务促进条例》

《北京市志愿服务促进条例》经2007年9月14日北京市第十二届人民代表大会常务委员会第三十八次会议通过，自2007年12月5日起施行；根据《志愿服务条例》及相关法律、行政法规，结合本市实际，2020年12月25日北京市第十五届人民代表大会常务委员会第二十七次会议进行了修订。

4.《北京市人民政府关于进一步加强本市应急能力的意见》

2013年2月27日，北京市人民政府发布《北京市人民政府关于进一步加强本市应急能力的意见》(京政发〔2013〕4号)。

5.《关于进一步加强北京市应急志愿服务工作的指导意见》

2021年5月12日，北京市突发事件应急委员会办公室、首都精神文明建设委员会办公室、北京市民政局、中国共产主义青年团北京市委员会、北京市红十字会以及北京市志愿服务联合会等六部门联合发布《关于进一步加强北京市应急志愿服务工作的指导意见》(京应急办发〔2021〕10号)。

6.《北京市应急志愿服务管理办法》

2022年8月18日，北京市突发事件应急委员会办公室、首都精神文明建设委员会办公室、北京市民政局、中国共产主义青年团北京市委员会、北京市红十字会以及北京市志愿服务联合会第六部门联合发布《北京市应急志愿服务管理办法》（京应急办发〔2022〕14号）。

三、应急志愿服务重要环节

围绕突发事件的应急管理工作，北京市应急志愿服务组织和应急志愿者必须依法依规开展应急志愿服务。《北京市人民政府关于进一步加强本市应急能力的意见》提出："整合全市应急力量，建立健全以专业应急队伍为骨干，综合性应急救援队伍为中坚，驻京部队、武警、民兵预备役组成的应急队伍为突击力量，应急志愿者队伍为辅助力量，其他应急队伍为补充力量的应急队伍体系。"

（一）熟知志愿服务应急预案

应急预案是指各级人民政府及其部门、基层组织、企事业单位、社会团体等为依法、迅速、科学、有序应对突发事件，最大限度减少突发事件及其造成的损害而预先制定的工作方案。

应急预案是应急管理体系的重要组成部分，主要解决突发事件生命周期中，谁来做、做什么、怎样做、用什么资源做的问题，是体制、机制和法制在突发事件应对工作中的综合运用和具体体现。

应急预案是依据有关法律、法规、规章制度和地方实际情况而制定的应对突发事件的具体行动方案。不同类型应急预案充分结合了实际面临的风险、事故种类特点、现有应急资源、本地区或本单位实际情况等，因此作用和功能也有所区别。应急预案重点突出的是突发事件应对与处置，必须能用、管用、实用，强调的是操作性和实用性。不同类型的应急预案有明确具体的操作内容、操作程序、行动方案。由此应急志愿者应当熟知不同类型突发事件的应急预案，应急志愿服务组织要让应急志愿者熟知《北京市突发事件总体应急预案（2021年修订）》以及参与应急志愿服务的应急预案。

（二）准备参与应急志愿服务

《北京市人民政府关于进一步加强本市应急能力的意见》要求，“整合全市应急力量，建立健全以专业应急队伍为骨干，综合性应急救援队伍为中坚，驻京部队、武警、民兵预备役组成的应急队伍为突击力量，应急志愿者队伍为辅助力量，其他应急队伍为补充力量的应急队伍体系”。应急志愿者队伍应纳入全市应急体系，承担应急科普宣教、信息报告、协助开展先期处置和善后等工作。

应急志愿服务的准备包括：

（1）了解本市应急物资和应急通信的管理。

（2）知道本市的应急避难场所。

常见应急避难场所标志见表1-1。

表 1-1　常见应急避难场所标志

序号	图 形	名 称	说 明
1		应急避难场所 Emergency shelter	在地震等自然灾害发生后或其他应急状态下，供居民紧急疏散、临时生活的安全场所
2		应急供电 Emergency power supply	应急情况下供电、照明的设施
3		应急棚宿区 Area for makeshift tents	应急避难场所帐篷区
4	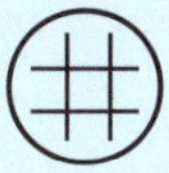	应急水井 Emergency drinking well	应急情况下启用的水井
5		应急停机坪 Emergency airfield	救灾直升机的紧急停机坪
6		应急物资供应 Emergency goods supply	救灾物资的应急供应场所
7		应急指挥 Emergency command	应急指挥场所
8		方向 Direction	方向，符号方向视情况设置
9		入口 Way in	入口位置或指明进去的通道。设置时可视情况改变符号方向
10		出口 Way out	出口位置或指明出去的通道。设置时可视情况改变符号方向
11		紧急出口 Emergency exit	紧急情况下安全疏散的出口或通道。视情况可使用该符号的镜像图形
12		应急厕所 Emergency toilets	应急避难场所内的简易应急厕所

表 1-1（续）

序号	图 形	名 称	说 明
13		应急供水 Emergency water supply	应急避难场所内提供饮用水的地点
14		应急医疗救护 Emergency medical treatment	提供应急医疗救护、卫生防疫的场所
15		应急灭火器 Emergency fire extinguisher	提供应急灭火器的地点

北京市应急避难场所（地震类）见表 1-2。

表 1-2　北京市应急避难场所（地震类）

序 号	各 区	名 称	类 型	面积 / 万平方米
1	东城区	皇城根遗址公园	III	9
2		地坛园外园	III	5.4
3		明城墙遗址公园	II	15.5
4		玉蜓公园	III	3.7
5		南大地公园	II	3.7
6		南中轴路绿地北大地	II	3.4
7		南馆公园	III	2.5
8		龙潭公园	II	4.08
9		龙潭西湖公园	III	0.78
10		香河园绿地	III	0.89
11		前门箭楼绿地	III	0.55
12		二十四节气公园	III	0.14

表 1-2（续）

序号	各区	名称	类型	面积 / 万平方米
13	西城区	先农坛神仓外绿地	II	0.9895
14		翠芳园绿地	III	1.0062
15		玫瑰公园	III	3.6178
16		金中都公园	III	4.7271
17		万寿公园	I	4.7
18		西便门绿地	III	3.4552
19		南中轴绿地	III	11.0678
20		长椿苑公园	III	1.4
21		宣武艺园	II	7.25
22		白云公园	III	6
23	朝阳区	元大都城垣遗址公园	I	67
24		朝阳公园	I	288.7
25		太阳宫公园	I	37
26		奥林匹克森林公园	I	355.7
27		安贞涌溪公园	III	2.1
28		将台坝河绿化带	III	28
29		兴隆公园	II	43.4
30		红领巾公园	II	26.7
31		北小河公园	I	22.88
32		京城梨园	I	70
33		望和公园	II	38.6
34		翠城公园	II	3.48
35		鸿博郊野公园	II	80
36		西大望路社区公园	II	2.96
37		立水桥公园	II	21.8

表 1–2（续）

序号	各区	名称	类型	面积 / 万平方米
38	朝阳区	常营公园	II	66.7
39		将府公园（三期）	II	42
40	海淀区	北京市实验学校（海淀）	II	5
41		马甸公园	III	8.6
42		海淀民族小学	III	2.87
43		交大附中	II	4.3
44		北京市第二十中学	II	6.6
45		北京市上地实验学校	II	3
46		八一学校主校区操场	II	15
47		长春健身园	III	10
48		东北旺中心小学	III	2.5
49		阳光星期八公园	III	5
50		北京市玉渊潭中学	III	0.66
51		北京西站下沉广场	II	1.5
52		北京市科技大学附属中学	III	3.45
53		东升文体公园	III	8
54		温泉公园	III	10
55		北京市海淀区教师进修学校	III	1.8
56		首师大附属小学	III	3
57		九十九顶毡房阜石路店绿地	III	10
58		海淀北部新区实验学校	III	6.5
59		北京市海淀区台头小学	II	1.774
60		海淀公园	I	32.8
61	丰台区	莲花池公园	I	44.6
62		南苑公园	I	9.3

表1-2(续)

序号	各区	名称	类型	面积/万平方米
63	丰台区	三角地第二社区怡馨花园	III	0.48
64		怡心公园	III	0.2
65		林枫公园	III	0.3
66	石景山区	国际雕塑公园	I	40
67		石景山区体育场	II	2.3
68		古城公园	III	2.45
69		石景山雕塑公园	II	3.17
70		西山枫林一区南侧绿地	III	6.4
71	门头沟区	永定河文化广场	II	34
72		葡山公园	II	8
73		黑山公园	III	3.8
74		滨河公园	III	4.8
75		石门营公园	III	5
76		京门铁路遗址公园	III	0.8
77		斋堂文化公园	III	2.6
78		龙泉务村广场	III	0.2
79	房山区	长阳组团公园	III	11.339
80		阎村镇文化体育广场	III	5.336
81		房山体育场	III	11
82		窦店中国版图主体公园	III	2.55
83		燕山公园	III	16
84		房山府前广场	III	6.5
85		北潞园健身公园	III	6.3365
86		琉璃河绿色广场	III	13.32
87		周口店镇应急避难场所	III	5.7362

表 1-2（续）

序号	各区	名称	类型	面积 / 万平方米
88	房山区	青龙湖果各庄公园	III	3.0015
89		大石窝静婉广场	III	7.8706
90		长阳镇加州水郡御苑公园	III	8.7
91		石楼镇文体广场	III	2.7
92		张坊镇应急避难场所	III	3
93		长沟镇圣泉公园	III	15
94	大兴区	街心公园	II	1.7
95		枣林公园	II	2.4
96		兴旺公园	II	29.4
97		兴城广场	II	12
98		滨河公园	II	7.1
99		高米店公园	II	7.9
100		金星公园	II	8.8
101		兴海公园	II	5.26
102		地铁公园	II	11.8
103		狼垡公园	II	7.23
104		大兴区体育局	III	3.8
105		国家教育行政学院附属实验学校	II	3.28
106		大兴区第二职业学校	II	4.02
107		首师大大兴附中	III	6.8
108		大兴五中	III	1.39
109		大兴八中	III	2.97
110		大兴区第七中学分校	II	8.08
111		红星中学	II	2.91

表1-2(续)

序号	各区	名称	类型	面积/万平方米
112	大兴区	孙村中学	II	5.86
113		黄村镇第三中心小学		
114		采育镇趣玩儿公园	II	5.84
115		采育镇第一中心小学	II	1.58
116		采育镇第一中心幼儿园	III	0.53
117		采育中学	II	6.11
118		采育镇第二中心幼儿园	III	0.66
119		北京市第十四中学大兴安定分校	II	5.97
120		安定镇中心幼儿园	III	0.68
121		后安定分园	III	0.86
122		大龙河滨河公园	II	3.51
123		庞各庄中学	II	7.85
124		庞各庄天堂河文化休闲公园	II	4.56
125		青云店镇第一中心小学	II	1.18
126		垡上中学	II	2.43
127		榆垡中学	II	6.15
128		北京亦庄实验小学	II	3.62
129		旧宫镇旺兴湖公园	II	30.77
130		长子营中学	II	7.99
131	通州区	潞河中学	III	14
132		运河中学	III	4.86
133		玉春园	III	2.5
134		通州区芙蓉小学	III	2
135		北京小学通州分校	III	0.4

表 1-2（续）

序号	各区	名称	类型	面积/万平方米
136	通州区	北京市第二中学通州分校	III	7.9
137		龙旺庄学校	III	5.6
138		梨园主题公园	III	7.5371
139		通州区育才学校	III	7.6577
140		中国人民大学附属中学通州校区	III	6.4
141	顺义区	顺义公园	III	24.3
142		光明广场	III	5.22
143	平谷区	平谷中学	III	7.306
144		平谷区第四中学	III	4.3545
145		平谷区第五中学	III	6.4718
146		平谷区实验中学	III	3.533
147	怀柔区	北京市怀柔区体育中心场馆	II	5.2
148		北京市怀柔区第一中学	II	5.6565
149	昌平区	亢山广场	II	3.9916
150		永安公园	II	6.63
151		赛场公园	II	5.4024
152		小汤山文化广场	II	6.083
153		昌平公园	II	12.2585
154		回龙园	II	10.4014
155		回龙观体育公园	II	11.2424
156		回龙观龙禧三街公园	II	5.4272
157		南口公园	II	10.3706
158		天通艺苑	II	12.0773
159		101 人工湖广场	II	6.7654

表1-2(续)

序号	各区	名称	类型	面积/万平方米
160	昌平区	北七家宏福广场	II	2.4776
161		阳坊文化广场	II	0.3774
162		流村文化广场	II	1.5065
163		兴寿草莓大会沿线村庄文化广场	II	0.7
164		马池口镇北小营文化广场	II	0.462
165		东小口森林公园	II	95.9728
166		东小口太平郊野公园	II	50.2397
167		滨河森林公园	II	3.1474
168		南口轨道交通机械有限公司体育场	II	0.85
169	密云区	奥林匹克健身园	III	14
170		太扬公园	III	5
171		法制公园	III	5
172	延庆区	延庆区体育公园	I	31
173		延庆区香水苑公园	II	9
174		延庆区体育场	I	11
175		北京八达岭国际会展中心	I	22

注：随着应急避难场所的不断增多，以上信息并不是唯一数据，请关注政府发布的最新消息

（3）定期接受应急教育、培训和演练。

《志愿服务条例》第三章第十六条规定：“志愿服务组织安排志愿者参与的志愿服务活动需要专门知识、技能的，应当对

志愿者开展相关培训。开展专业志愿服务活动，应当执行国家或者行业组织制定的标准和规程。法律、行政法规对开展志愿服务活动有职业资格要求的，志愿者应当依法取得相应的资格。”

《北京市应急志愿服务管理办法》指出，应急志愿者培训主要分为基础培训、专业培训和岗前培训。其中：

基础培训：面向所有应急志愿者，内容包括志愿服务理念及内容、公共安全与应急宣教知识、隐患排查方法、自救互救技能、突发事件信息报送要点和先期处置要领等。通过基础培训，使应急志愿者初步掌握基本专业技能，在常态下能有效参与宣教培训等活动，在应对突发事件时能够进行简单的自救和互救。

专业培训：主要面向有一定专业技能的应急志愿者，内容包括自我防护技能、应急救护知识、突发事件抢险救援技巧、专业器材使用方法等。通过专业培训，使应急志愿者在常态下能够成为宣教培训的师资力量，在应对突发事件时能开展先期处置和协同救援。

岗前培训：主要面向要参与应急志愿服务的应急志愿者，内容包括岗位职责、服务规范、工作机制、应急预案等。通过岗前培训，使应急志愿者能够胜任相应的应急志愿服务任务。

北京市按照“覆盖全面、师资完备、教材规范、分级分类”的思路，建立规范化、系统化的应急志愿者培训体系，组建应急志愿服务工作专家库，整合科研院所、行业协会、优质企业等资源，为有需求的应急志愿者骨干提供培训服务。各区、街道（乡镇）应指导和组织辖区内应急志愿者队伍立足现实需求、紧贴自身实际，有针对性地开展培训，逐步提升应急志愿服务能力。

应急演练是指各级人民政府及其部门、企事业单位、社会团体等组织相关单位及人员，依据有关应急预案，模拟应对突发事件的活动。应急演练也是检验预案、完善准备、锻炼队伍、磨合机制以及科普宣教的过程。通过开展应急演练，普及应急知识，提高志愿者和公众的风险防范意识和自救互救等灾害应对能力。

《关于进一步加强北京市应急志愿服务工作的指导意见》也提出了推动应急志愿者队伍共训共练。加强对全市应急志愿者队伍能力培训工作的统筹和指导力度，促进各队伍加强业务交流和合作，积极开展共训共练、互学互助活动。按照专业领域划分，从全市范围遴选部分组织机构健全、专业能力突出、社会影响良好的应急志愿者队伍，组织观摩国家综合性消防救援队等专业应急救援队伍培训演练，适当参与理论学习、技能训练和模拟演练，推动双方逐步建立共训共练和协同配合机制，帮助应急志愿者队伍加强业务能力建设。

北京市应急管理部门引导广大应急志愿者抓好应急志愿服务规范的学习宣传和训练演练，鼓励定期参加理论考试和模拟考核；加强各类应急志愿服务活动的备案登记、组织领导、信息报送等工作；加大对应急志愿者能力培训、训练演练、科普宣传等活动的支持力度。

（三）做好突发事件第一响应

1. 第一响应

“第一响应”是指面对突发事件第一时间、第一现场作出快速行动和处置。经过专业培训和演练的应急志愿服务组织及应急志愿者，凭借对突发事件的警觉和警惕、对突发事件应急预案的掌握以及对灾害情况的迅速正确处置能力，应当在灾害发生的第一时间、第一现场处置相关突发情况。如灾害发生前提醒周围人员撤离疏散、及时设立警示标志、报警与呼救、通报相应应急志愿服务组织等。

2.讲求原则

应急志愿者辅助专业救援参与突发事件第一时间现场响应，应当注意遵守四方面原则。一是生命至上，救人第一；二是依法依规参与救援；三是尊重科学，尊重专业；四是量力而行，服从救援主责单位指挥。

3.自救互救

在大型灾害发生初期，专业化的应急力量远远不能满足应急工作需要，往往是基层应急人员和志愿者在大的灾害行动中能作出贡献。有统计认为，超过80%的大型灾害的获救者是通过邻里间的自救和互救方式获救的。

提升安全意识和开展风险排查，灾害发生后的第一时间在保证自己安全的前提下，通过身边现有资源，就近就便开展自救与互救，能最大限度地减少生命和财产损失。

（四）开展善后和恢复工作

《北京市人民政府关于进一步加强本市应急能力的意见》中提出了提升善后处置的法制化、社会化、专业化水平要求。明确提出善后处置要充分发挥工会、共青团、妇联以及机关、企事业单位在善后工作中的积极作用。

（1）应急志愿服务在突发事件善后处置工作中有较大的服务和奉献空间。从应对“5·12”汶川地震后的物资援助和长期的心理疏导志愿服务，到2019年至今的新冠肺炎疫情下开展的防疫抗疫、陪伴和抚慰志愿服务，应急志愿服务在开展善后和恢复工作方面积累了成功经验。

（2）针对四类突发事件，应急志愿服务都有项目开展。如协助尽快恢复正常的社会秩序；帮助重建损坏的家园；长期陪伴抚慰受害者尤其是老人和儿童；继续救助保护动物、植物；恢复被破坏的环境并开展长期的心理辅导等。

（3）应急志愿者参与突发事件善后和恢复工作要遵守的原则：一是注重物质与精神的共同善后恢复；二是警惕次生灾害和灾害的再次发生；三是坚持对救护对象的长期跟进、帮助和抚慰；四是注重保持志愿者自身的身心健康。

突发事件的善后重建，不仅要注意恢复事件中受损的物质与环境，更要注意恢复和重建事件中参与人的精神和心理。因此，突发事件之后的应急志愿服务是一项需要长期坚持的工作。

四、应急管理社会动员

为实现《关于进一步加强北京市应急志愿服务工作的指导意见》明确的工作目标，必须大力加强应急管理社会动员。

（一）基本概念

应急管理社会动员是指为了应对可能发生或已经发生的突发事件，各级党委、政府启动动员措施，直接组织动员或通过各类专业部门组织动员，使突发事件预警及影响区域内的各类机构（各级政府机构、企事业单位、部队等）、社会群体和普通公众的心理准备和行为准备在可预见领域具有心理准备和应对技能，在必要时转入应急状态，充分调动一切社会力量的自主性，通过预备培养、预警动员、应急动员等不同层次的社会动员手段，在政治、经济、科技、教育等方面组织有效的群体防范、应急引导、恢复重建活动。

（二）主要类型

从不同的角度，可以将应急管理中的社会动员分为不同的类型。

1. 依据动员规模划分

从动员规模上看，可以分为局部动员和整体动员。局部动员是指针对某一范围内的部分地区所实施的宣教动员，而整体动员则是在某一范围内的整个地区所实施的宣教动员。

2. 依据动员对象划分

从动员对象上看，可以分为应急人力动员、应急物资动员、应急财力动员、应急避难场所动员、应急交通运输动员等。

3. 依据动员时序划分

从动员时序上看，可分为前期动员、中期动员与后期动员三类。

（1）前期动员即预防与准备动员。在预防阶段表现为：在紧急情况或突发事件发生之前，动员各种社会力量，预先采取措施，消除或减弱危险要素的影响或风险。如志愿者团体对公众进行防灾、减灾方面的宣传教育等。在准备阶段表现为：在突发事件发生之前，动员各种社会力量，采取措施，做好突发事件响应及后果管理的准备。如在社区范围内，公民之间签订防灾互助协议、开展各种形式的防灾演练等。

（2）中期动员即响应动员。在响应阶段表现为：在突发事件发生过程中或发生之后，动员各种社会力量，立即采取措施，管理突发事件可能产生的各种不利后果，将突发事件所带来的损失最小化。比如，利用红十字会等组织为灾民提供急救服务等。

（3）后期动员即恢复动员。在恢复阶段表现为：在突发事件发生后，动员社会力量，立即采取措施，使社会情况恢复到可以接受的水平。比如，动用非政府组织力量，组织人们给灾民捐款、捐物，为其提供必要的基本生活条件、对其进行灾后心理干预等。

4.依据动员手段划分

从动员手段来看，可分为“软动员”与“硬动员”。

（1）“软动员”：常态宣教动员，主要是指应急宣传教育，其主要作用在于向社会公众宣讲、普及公共安全知识，传播公共安全文化，提高其在紧急状态下逃生避险、自救互救的技能，明确自身在应急管理中的权利、义务与角色期待。

（2）“硬动员”：非常态宣教动员，指政府以强制力为基础，综合利用非政府力量的应急资源，有效地应对突发事件。

（三）相关法规

《中华人民共和国突发事件应对法》第六条明确规定：“国家建立有效的社会动员机制，增强全民的公共安全和防范风险的意识，提高全社会的避险救助能力。”

《北京市实施〈中华人民共和国突发事件应对法〉办法》第十条明确规定:“本市建立有效的社会动员机制，充分发挥公民、法人和其他组织在突发事件应对中的作用，增强全民的公共安全和社会责任意识，提高全社会避险、自救、互救等能力。公民、法人和其他组织有义务参与突发事件应对工作。法人和其他组织应当在所在地人民政府的领导下开展突发事件应对工作，建立突发事件应对工作责任制，其主要负责人全面负责。居民委员会和村民委员会应当根据所在地人民政府的要求，结合各自的实际情况，开展应急知识宣传教育活动和必要的应急演练；将突发事件应对工作作为自治管理的重要内容，明确突发事件应对工作责任人，协助政府及其有关部门做好突发事件应对工作。”

《北京市突发事件总体应急预案（2021年修订）》明确规定:“市或区政府、重点地区管委会应根据实际需要，动员公民、法人和其他组织，配合政府及有关部门做好自救互救、道路引领、后勤保障、秩序维护等协助处置工作。”“全市范围内的突发事件社会动员，由市委、市政府报请党中央、国务院批准。市委社会工委市民政局、市委农工委市农业农村局、首都精神文明办、市应急办负责全市社会动员，协调各相关部门开展工作。团市委、市红十字会、市志愿服务联合会等人民团体、社会组织协助做好社会动员工作。区范围内的突发事件社会动员，由各区政府报请市政府批准，报国务院备案。局部小范围内的社会动员，由各区决定并组织实施，报市政府备案。”

第二章 突发事件应对

本章主要介绍了北京市常见突发事件类型、志愿者参与的重大灾害案例，以及应急管理体制机制、应急管理指挥体系、各类突发事件的处置主责部门、北京市应急救援队伍等，并对自然灾害、事故灾难的应急处置进行了场景式讲解教学，以便应急志愿者提升应急处置综合能力。

第一节 / 北京市灾害概述

一、北京市常见突发事件类型

北京市位于北纬39°56′，东经116°20′，地处华北平原北部。北京市东部与天津市毗邻，东南距渤海约150千米，其余均与河北省交界。由于特殊的地理位置，导致北京市受到多种气象灾害影响，存在较多引发自然灾害的诱因。

北京是超大城市，人口稠密，流动人口多，建筑密集，经济要素高度积聚，政治、文化及国际交往活动频繁。受各类风险因素影响，存在诸多产生突发事件的可能。本市突发事件主要包括自然灾害、事故灾难、公共卫生事件和社会安全事件四大类。

（一）自然灾害

北京市近年来由自然灾害带来的受灾人口和直接经济损失都呈较大幅度下降趋势，但受全球气候变化影响，北京市的自然灾害日趋频繁。在未来，受全球气候变化影响，强降雨、干旱、高温、大雾、冰雪、沙尘暴等极端天气仍是北京市面临的主要灾害类型，极易诱发次生、衍生灾害，将对首都经济社会活动、城市正常运行和生态环境等造成严重威胁。

数据统计：

（选自2020北京市应急管理事业发展统计公报）

全年全市共发生2起自然灾害事件，均为风雹灾害。灾害造成大兴区、延庆区5个乡镇受灾，受灾人口17756人，无人员伤亡。自然灾害损失较2015—2019年均值相比，受灾人口、农作物受灾面积、直接经济损失分别下降84.1%、85.5%、84.7%。全年未发生重大自然灾害事件，未构成启动救灾应急响应的条件。

（二）事故灾难

北京市近年来事故灾难带来的死亡事故次数和死亡人数虽然呈较大幅度下降趋势，但各类事故灾难仍然可能高发。例如，随着城市基础设施建设加快，轨道交通、建筑施工等各类生产安全事故可能有所增加；产业间的关联更加紧密，突发事件易导致次生、衍生灾害；高新技术产业、现代服务业快速发展的同时，也带来了新的危险因素；中心城区超高层建筑集中，发生高层火灾的概率增加；人员密集场所、地下空间等领域安全风险的不确定性增大，有限空间作业等生产安全问题日益凸显；全市的城市地下管线网络以及输油气管道，因自然老化或人为外力破坏造成的管线破裂和泄漏、路面塌陷等仍时有发生；过境交通压力大，危化品运输车辆多，易发生危化品泄漏、爆炸、污染等事故和突发环境事件，等等。

数据统计：

（选自2020北京市应急管理事业发展统计公报）

全年全市共发生各类生产安全死亡事故383起、死亡408人，事故起数、死亡人数同比分别下降9.0%、8.9%。发生工矿商贸死亡事故69起、死亡72人，事故起数、死亡人数同比分别下降15.9%和16.3%；道路运输事故303起、死亡325人，事故起数、死亡人数同比分别下降7.1%、6.6%；铁路交通事故7起、死亡7人，事故起数、死亡人数同比分别下降46.2%、50.0%；特种设备事故4起、死亡4人，事故起数和死亡人数同比分别增加4起、4人；未发生生产经营性火灾、农业机械死亡事故。

（三）公共卫生事件

北京市近年来公共卫生事件虽然呈较大幅度下降趋势，但受世界经济一体化进程加快、全球气候异常、北京市对外交往扩大、人员密集流动、生态污染、环境破坏等因素影响，发生各种输入性新发或烈性传染病疫情的可能性将进一步增大，疫病防控难度增加。现有重大动物疫病病原不断变异，新发疫病不断出现，发生重大动物疫情的风险持续存在。药品安全和职业、化学中毒事故风险高发趋势较为明显。

（四）社会安全事件

随着经济发展方式加快转变和城市化进程不断推进，北京市的社会安全形势将会更加复杂，群体性事件仍将较为突出，不排除发生个体极端暴力事件和重大刑事案件可能。随着旅游产业的发展，涉及中外游客的旅游安全事件发生的可能性增大。金融突发事件、物价上涨、生活必需品供应波动等导致的民生问题可能带来严重的社会影响。信息化技术应用更加广泛，网络与信息安全问题日益严峻。随着北京市建设中国特色世界城市步伐的不断加快，涉外突发事件增多趋势明显，不排除恐怖主义、分裂势力、极端势力和敌对势力制造社会安全事件的可能性。

二、志愿者参与的重大灾害案例——"7·21"北京特大暴雨

2012年7月21日至22日8时左右，中国大部分地区遭遇暴雨，其中北京市及其周边地区遭遇61年来最强暴雨及洪涝灾害。截至8月6日，北京市有79人因此次暴雨死亡。北京市政府在灾情通报会发布的数据显示，此次暴雨造成10660间房屋倒塌，160.2万人受灾，经济损失116.4亿元。

（一）气象部门的六次预警

（1）2012年7月21日9时30分发布暴雨蓝色预警：中午前后本市将开始出现降雨，强降水将主要集中在傍晚到夜间。预计本市大部分地区的累积雨量将达到暴雨（40~80毫米），其中房山、门头沟、海淀、石景山、丰台、密云、怀柔、平谷等地的局部地区降水量将超过100毫米。请注意防范山洪泥石流及城市积涝。

（2）14时升级为暴雨黄色预警：北京市气象台14时发布的暴雨黄色预警称，预计门头沟、通州以及城区大部分地区未来3小时雨强将超过30毫米/时。

（3）14时20分发布雷电黄色预警：预计门头沟、通州以及城区大部分地区未来3小时雨强将超过30毫米/时。14时20分，北京市气象台又发布雷电黄色预警：受雷雨云团影响，预计未来12小时内北京市大部分地区有雷电天气，请市民注意防范。

（4）15时30分联合国土资源部发布二次黄色预警：14时左右降雨已演变成瓢泼大雨，游客行人打着伞也被雨水淋湿，纷纷到附近的商店躲雨。北京市各地开始出现积水情况。市气象台在15时30分再次发布了暴雨黄色预警。

（5）18时30分升级为暴雨橙色预警：这是北京市气象台自2005年建立天气预警制度以来发布的第一个暴雨橙色预警。从二环到四环，多座下凹式立交桥区出现积水，交通被迫中断，部分路段还出现河水倒灌淹没路面情况。

（6）22时继续发布暴雨橙色预警：北京市气象台22时继续发布仅次于红色预警的暴雨橙色预警，未来3小时北京市城区东部及顺义、通州、大兴、平谷、密云等地仍将出现40~70毫米的降水。

（二）社会影响

此次降雨过程导致北京市受灾面积16000平方千米，成灾面积14000平方千米，全市受灾人口190万人，其中房山区

80万人。全市道路、桥梁、水利工程多处受损，全市民房多处倒塌，几百辆汽车损失严重。据初步统计全市经济损失近百亿元。

（三）志愿者参与

2012年7月21日，北京市遭遇了61年来最大暴雨，众多市民被困路途，有热心网友通过微博自发组织起了一个“微博车队”，到机场航站楼义务接送滞留的旅客进城，这份突如其来的温暖感动了被困在航站楼里的所有人。不仅在首都机场，这个“微博车队”还沿路救助了许多被困者，他们将车开启双闪，随叫随停。近500辆私家车组成的“微博车队”在这次暴雨中总共接送600多名滞留旅客。这些打着双闪车灯、无私奉献的爱心车主服务于更多的受助群体，做更多有益于社会和谐的公益活动，让大爱无疆，让温暖传承。

第二节 / 北京市应急管理体系

一、应急管理体制机制

2018年是全面贯彻落实党的十九大精神的开局之年，以习近平同志为核心的党中央立足我国灾害多发频发基本国情，作出组建应急管理部的重大决策，推动应急管理体制深刻变革。

根据《中共中央关于深化党和国家机构改革的决定》和《深化党和国家机构改革方案》，应急管理部整合了11个部门的13项职能，包括5个国家议事协调机构职能，涉及公安消防、武警森林两支部队近20万名官兵转制。应急管理部的组建，是为防范化解重特大安全风险，健全公共安全体系，整合优化应急力量和资源，推动形成统一指挥、专常兼备、反应灵敏、上下联动、平战结合的中国特色应急管理体制。

根据我市机构改革方案，2018年11月16日，将北京市安全生产监督管理局的职责，以及市政府办公厅的应急管理职责，市公安局的消防管理职责，市民政局的救灾职责，市规土委的地质灾害防治、市水务局的水旱灾害防治、市园林绿化局的森林防火相关职责，相关应急指挥部的职责等整合，组建市应急管理局，作为市政府组成部门，按中央有关改革部署实施。

二、北京市应急管理指挥体系

在市委统一领导下，北京市突发事件应急委员会（以下简称市应急委）、市委应对重大突发公共卫生事件领导机构、市委平安北京建设领导小组等领导指挥机构统筹负责，各行业（领域）部门、各区持续完善分类管理、源头防控的突发事件风险防范和应对职责体系，形成了“党委领导、政府主导，部门联动、条块结合，专业处置、社会参与”的工作格局。北京市突发事件应急委员会组织体系框架如图2-1所示。

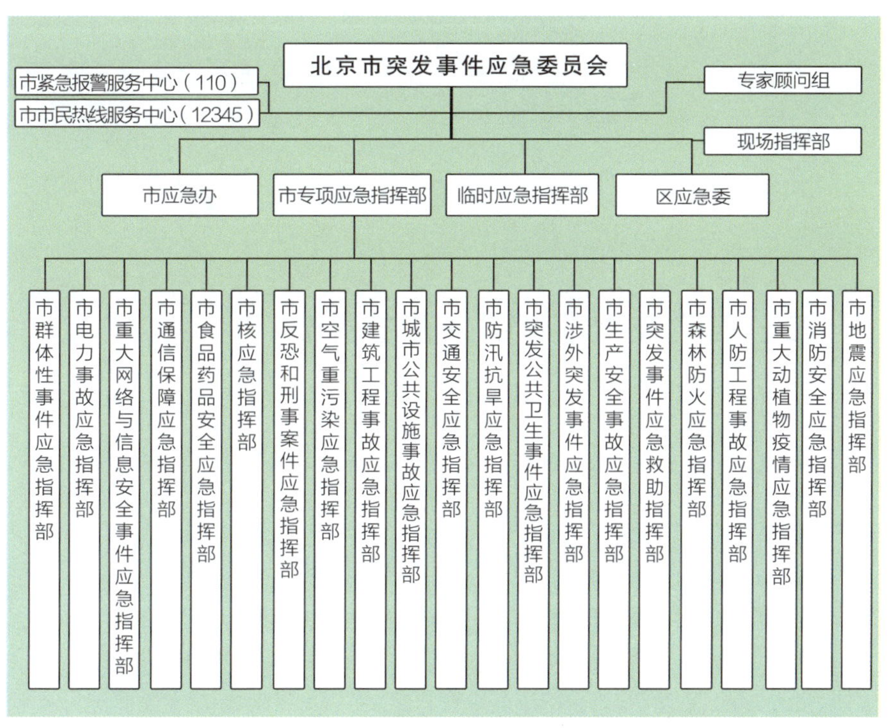

图2-1　北京市突发事件应急委员会组织体系框架

市应急委由主任、副主任、执行副主任、委员等领导成员，以及秘书长、常务副秘书长、副秘书长和其他组成人员组成。

主任由市长担任，副主任由市委负责政法工作的常委和常务副市长担任，执行副主任由协助负责应急管理方面工作的副市长担任，委员由市委、市政府相关市领导，市委、市政府秘书长，北京卫戍区和武警北京市总队主要负责同志担任。

秘书长由市政府秘书长担任，常务副秘书长分别由市委和市政府相关副秘书长担任，副秘书长分别由市委政法委分管日常工作的副书记、市委宣传部主管副部长和市委、市政府办公厅相关副主任、市应急管理局主要负责同志担任。

组成部门包括市各突发事件专项应急指挥部办公室、相关部门和有关单位、各区政府。

北京市突发事件应急委员会办公室（简称市应急办）是市应急委日常办事机构，设在北京市应急管理局。

三、各类突发事件的处置主责部门

《北京市突发事件总体应急预案（2021 年修订）》明确：各类突发事件的牵头应对部门即为处置主责部门，具体见表 2-1。

表 2-1 突发事件及其应对主责部门

序 号	突发事件	市级处置主责部门
自然灾害类		
1	水灾	市应急局、市水务局
2	旱灾	市应急局、市水务局
3	森林火灾	市应急局、市园林绿化局
4	地震灾害	市应急局、市地震局
5	突发地质灾害（崩塌、滑坡、泥石流、地面塌陷等）	市应急局、市规划自然资源委
6	气象灾害（大风、沙尘暴、雷电、冰雹、高温等）	市应急局、市气象局、市园林绿化局等部门
7	农业植物疫情	市农业农村局
8	农业领域外来生物入侵	市农业农村局
9	突发林木有害生物事件	市园林绿化局
事故灾难类		
10	危险化学品事故	市应急局
11	矿山事故	市应急局
12	建设工程施工突发事故	市住房和城乡建设委
13	火灾事故	市消防救援总队
14	道路交通事故	市公安局公安交通管理局
15	轨道交通运营突发事件	市交通委
16	公共电汽车运营突发事件	市交通委
17	道路突发事件	市交通委
18	桥梁突发事件	市交通委
19	电力突发事件	市城市管理委

表2-1（续）

序号	突发事件	市级处置主责部门
20	燃气事故	市城市管理委
21	供热事故	市城市管理委
22	地下管线突发事件	市城市管理委
23	供水突发事件	市水务局
24	排水突发事件	市水务局
25	通信网络突发事件（公网、专网、无线电）	市经济和信息化局、市通信管理局
26	信息安全事件	市委网信办
27	人防工程事故	市人防办
28	特种设备事故	市市场监管局
29	辐射事故	市生态环境局
30	重污染天气	市生态环境局
31	突发环境事件	市生态环境局
32	核事件	市国防科工办
33	民用航空器空难事件	市消防救援总队
公共卫生类		
34	重大传染病疫情（鼠疫、炭疽、霍乱、非典型肺炎、新冠肺炎、流感等）	市卫生健康委
35	群体性不明原因疾病	市卫生健康委
36	职业中毒事件	市卫生健康委
37	食品安全事件	市市场监管局
38	重大动物疫情（高致病性禽流感、口蹄疫）	市农业农村局

表2-1（续）

序号	突发事件	市级处置主责部门
39	药品安全事件	市药监局
40	疫苗安全事件	市药监局
社会安全类		
41	上访、聚集等群体性事件	市委政法委
42	恐怖袭击事件	市公安局
43	刑事案件	市公安局
44	生活必需品供给事件	市商务局
45	粮食供给事件	市粮食和储备局
46	能源资源供给事件	市城市管理委
47	金融突发事件	市金融局
48	涉外突发事件	市政府外办
49	民族宗教群体性事件	市民族宗教委、市委政法委
50	影响校园安全稳定事件	市委教育工委、市委政法委
51	新闻舆论事件	市委宣传部
52	旅游突发事件	市文化和旅游局

四、北京市应急救援队伍

截至2022年6月，全市经应急委认定的市级应急救援队伍共24支，共有应急救援人员5200余人。按照主要处置能力划分，道路抢通应急救援队伍7支、电力抢通应急救援队伍1支、建筑工程事故应急救援队伍3支、城市公共设施保障应急救援队伍2支、危化品应急救援队伍4支、网络通信应急救援队伍

4支、森林灭火应急救援队伍2支、矿山应急救援队伍1支。

全市现有森林防火指挥部15个，其中市级森林防火指挥部1个，区级森林防火指挥部14个；全市有防火检查站552个，近4000名巡查队员、5万余名护林员保持在岗在位。

五、北京市应急管理事业发展

北京市应急管理系统坚持以习近平新时代中国特色社会主义思想为指导，认真贯彻党中央、国务院，市委、市政府有关决策部署，紧紧围绕北京城市战略定位，不断推进应急管理事业改革发展。聚焦疫情防控、安全发展、依法治理、应急处置、基层基础、多灾种应对等重点工作，全市应急管理体系建设取得显著突破和积极进展，安全生产形势总体平稳。

应急管理法制化水平稳步提升、协同化效应有效激发、智能化加快转型升级、社会化进程不断深化，应急管理责任体系加快织密、风险防控体系全面构筑、治理能力体系持续提升，具有北京特色的应急管理基层基础有效夯实。

第三节

/

自然灾害应急处置

原国家科委国家计委国家经贸委自然灾害综合研究组将自然灾害分为八大类：气象灾害、海洋灾害、洪水灾害、地质灾害、地震灾害、农作物生物灾害、森林生物灾害和森林火灾。以北京市常见灾害类型分别阐述如何正确进行应急处置。

一、气象灾害篇

（一）大风

1.灾害带来的危险

城市中，大风及其他建筑物之间产生的“强风效应”时常会刮倒房屋、广告牌和大树等，并会妨碍高空作业，甚至引发火灾。

2.政府应对措施

1）预警信号

大风预警信号分4级，分别以蓝色、黄色、橙色、红色表示。

大风蓝色预警信号：24小时内可能受大风影响，平均风力可达6级以上或阵风7级以上；或已经受大风影响，平均风力为6~7级，或阵风7~8级并可能持续。

大风黄色预警信号：12小时内可能受大风影响，平均风力可达8级以上或阵风9级以上；或已经受大风影响，平均风力为8~9级，或阵风9~10级并可能持续。

大风橙色预警信号：6小时内可能受大风影响，平均风力可达10级以上或阵风11级以上；或已经受大风影响，平均风力为10~11级或阵风11~12级并可能持续。

大风红色预警信号：6小时内可能受大风影响，平均风力可达12级以上，或者阵风13级以上，或者已经受大风影响，平均风力为12级以上，或者阵风13级以上并可能持续。

2）防御指南

大风蓝色预警信号：

（1）政府及有关部门做好防御大风的准备工作。

（2）关好门窗，加固围板、棚架、广告牌等易被风吹动的搭建物，切断户外危险电源，妥善安置易受大风影响的室外物品，遮盖建筑物资。

（3）暂停露天集体活动和水上作业，航行船舶回港避风。

（4）注意行路、行车安全，刮风时不要在广告牌、临时搭建物等下面逗留。

大风黄色预警信号：

（1）政府及有关部门做好防御大风工作。

（2）停止露天活动和高空、水上等户外危险作业，危险地带人员和危房居民转移到避风场所暂避。

（3）航行的船舶采取防风措施，加固港口设施，防止船舶走锚、搁浅和碰撞。

（4）切断户外危险电源，妥善安置易受大风影响的室外物品，遮盖建筑物资。

（5）机场、高速公路等单位采取措施保障交通运输安全，有关部门注意森林、草原等防火。

大风橙色预警信号：

（1）政府及有关部门适时启动抢险应急预案，做好防御大风的应急和抢险工作。

（2）房屋抗风能力弱的学校和单位停课、停业，人员减少外出。

（3）暂停高空、水上和户外作业，航行的船舶回港避风，加固港口设施，防止船舶走锚、搁浅和碰撞。

（4）切断户外危险电源和广告招牌电源，妥善安置易受大风影响的室外物品，遮盖建筑物资。

（5）机场、铁路、高速公路、航运等交通运输单位采取保障交通安全措施，有关部门和单位注意森林、草原等防火。

大风红色预警信号：

（1）政府及有关部门启动抢险应急预案，做好防御大风的应急和抢险工作。

（2）人员停留在防风安全的地方，不要随意外出。

（3）回港避风的船舶安排人员加固或转移到安全的地方。

（4）切断户外危险电源和广告招牌电源，妥善安置易受大风影响的室外物品，遮盖建筑物资。

（5）机场、铁路、高速公路、航运等交通运输单位采取保障交通安全的措施，有关部门和单位注意森林、草原等防火。

3. 志愿者应对措施

1）行动指南

（1）应及时切断电源，关闭煤气、天然气阀门，以免发生火灾时火借风势，造成重大损失。

（2）应及时加固门窗、围挡、棚架等易被风吹动的搭建物，妥善安置易受大风损坏的室外物品。

（3）应密切关注火灾隐患，以免发生火灾时火借风势，造成重大损失。

（4）如发生灾害，协助疏散人员。

2）紧急应对措施

（1）在施工工地附近行走时应尽量远离工地并快速通过。不要在高大建筑物、广告牌或大树下方停留。

（2）不要将车辆停在高楼、大树下方，以免玻璃、树枝等吹落造成车体损伤。

（3）立即停止高空、水上等户外作业。

（二）雷电

1. 灾害带来的危险

雷电最大的危害是它能使易爆和易燃的物质起爆或燃烧。此外，雷电波沿电力、电信架空线路、广播电视天线和各种高架空管线等传到室内，产生过电压造成起火，损坏建筑物和击死、击伤人畜。

2. 政府应对措施

1）预警信号

雷电预警信号分3级，分别以黄色、橙色、红色表示。

雷电黄色预警信号：6小时内可能发生雷电活动，可能会造成雷电灾害事故。

雷电橙色预警信号：2小时内发生雷电活动的可能性很大或已经受雷电活动影响且可能持续，出现雷电灾害事故的可能性较大。

雷电红色预警信号：2小时内发生雷电活动的可能性非常大，或已经有强烈的雷电活动发生，且可能持续，出现雷电灾害事故的可能性非常大。

2）防御指南

雷电黄色预警信号：

（1）政府及有关部门做好防雷工作。

（2）密切关注天气变化，尽量避免户外活动。

（3）暂停露天集体活动和高空等户外作业。

雷电橙色预警信号：

（1）政府及有关部门落实防雷应急措施。

（2）人员应留在室内并关好门窗，户外人员应进入有防雷设施的建筑物或车内暂避。

（3）暂停露天集体活动和高空等户外作业。

（4）切断危险电源，远离金属门窗，不要在树下、电杆下、塔吊下或山顶停留或躲避。

（5）在空旷场地不要打伞，不要把农具、羽毛球拍、高尔夫球杆等金属物品扛在肩上。

雷电红色预警信号：

（1）政府及有关部门做好防雷应急抢险工作。

（2）留在室内并关好门窗，户外人员到有防雷设施的建筑物或车内。

（3）暂停露天集体活动和高空等户外作业。

（4）切断危险电源，远离金属门窗，在空旷场地不要打伞，不要在树下、电杆下、塔吊下或山顶停留或躲避，不要把农具、羽毛球拍、高尔夫球杆等金属物品扛在肩上。

（5）切勿接触天线、水管、铁丝网、金属门窗、建筑物外墙，远离电线等带电设备和其他类似金属装置。

（6）不使用无防雷装置或防雷装置不完备的电视、电话等电器，雷电时关闭手机。

3. 志愿者应对措施

1）行动指南

（1）注意收听天气预报，提前做好防护工作。

（2）及时关闭电器，拔掉电源插头，防止雷电从电源线入侵。

（3）对被雷击中人员，在确认自身安全的情况下，采用心肺复苏法抢救。

（4）及时关闭门窗，以防侧击雷和球状雷侵入，并提醒周围人远离金属物体。

2）紧急应对措施

（1）注意关闭门窗，室内人员应远离门窗、水管、煤气管等金属物体。室外人员远离建筑物外露的水管、煤气管等金属物体及电力设备。

（2）慎用电器，尽量远离各种导线和电气设备。

（3）在室外时，要及时躲避，不要在空旷的野外停留。在空旷的野外无处躲避时，应尽量寻找低洼之处藏身，或者立即下蹲，降低身体的高度。

（4）远离孤立的大树，若万不得已，则须与树干保持3米距离，下蹲并双腿靠拢。

（5）如果在雷电交加时，头、颈、手处有蚂蚁爬走感，头发竖起，说明将发生雷击，应赶紧趴在地上，尽量低下头，因为头部较身体其他部位最易遭到雷击。

（6）当在户外看见闪电几秒钟内就听见雷声时，说明正处于近雷暴的危险环境，此时应停止行走，两脚并拢并立即下蹲。不要与人拉在一起，相互之间要保持一定的距离，避免在遭受直接雷击后传导给他人。

（7）如果在户外看到高压线遭雷击断裂，应提高警惕。高压线断点附近存在跨步电压，身处附近的人不要跑动，而应双脚并拢，跳离现场。

（三）暴雨

1.灾害带来的危险

暴雨，特别是大范围的大暴雨或特大暴雨，往往会在很短时间内造成城市内涝，使居民的生命财产遭受损失，对城市交通也会带来重大影响。

2.政府应对措施

1）预警信号

暴雨预警信号分4级，分别以蓝色、黄色、橙色、红色表示。

暴雨蓝色预警信号：12小时内降雨量将达50毫米以上，或已达50毫米以上，可能或已经造成影响且降雨可能持续。

暴雨黄色预警信号：6小时内降雨量将达50毫米以上，或已达50毫米以上，可能或已经造成影响且降雨可能持续。

暴雨橙色预警信号：3小时内降雨量将达50毫米以上，或已达50毫米以上，可能或已经造成较大影响且降雨可能持续。

暴雨红色预警信号：3小时内降雨量将达100毫米以上，或者已达100毫米以上，可能或已经造成严重影响且降雨可能持续。

2）防御指南

暴雨蓝色预警信号：

（1）政府及相关部门按照职责做好防暴雨准备工作。

（2）学校、幼儿园采取适当措施，保证学生和幼儿安全。

（3）驾驶人员应当注意道路积水和交通阻塞，确保安全。

（4）检查城市、农田、鱼塘排水系统，做好排涝准备。

暴雨黄色预警信号：

（1）政府及相关部门按照职责做好防暴雨工作。

（2）交通管理部门应当根据路况在强降雨路段采取交通管制措施，在积水路段实行交通引导。

（3）切断低洼地带有危险的室外电源，暂停在空旷地方的户外作业，转移危险地带人员和危房居民到安全场所避雨。

（4）检查城市、农田、鱼塘排水系统，采取必要的排涝措施。

暴雨橙色预警信号：

（1）政府及相关部门按照职责做好防暴雨应急工作。

（2）切断有危险的室外电源，暂停户外作业。

（3）处于危险地带的单位应当停课、停业，采取专门措施保护已到校学生、幼儿和其他上班人员的安全。

（4）做好城市、农田的排涝，注意防范可能引发的山洪、滑坡、泥石流等灾害。

暴雨红色预警信号：

（1）政府及相关部门按照职责做好防暴雨应急和抢险工作。

（2）停止集会、停课、停业（除特殊行业外）。

（3）做好山洪、滑坡、泥石流等灾害的防御和抢险工作。

3. 志愿者应对措施

1）行动指南

（1）采取措施加固危旧房屋和室外临时建筑，修剪树木枝叶。

（2）外修砌围墙、大门口放置挡板，准备沙袋，配备抽水机等。

（3）收集天气及洪涝预警信息，根据预警级别准备应对措施。

（4）室外积水浸入室内时，应立即切断电源，防止积水带电伤人。

（5）如遇暴雨造成内涝及积水，协助疏散群众，关注特殊人群需求。

2）紧急应对措施

（1）立即停止室外游泳、划船、钓鱼等水上活动。

（2）在户外积水中行走时，要注意观察，贴近建筑物行走，防止跌入窨井、地坑等。

（3）驾驶员遇到路面或立交桥下积水过深时，应尽量绕行，避免强行通过。

（4）外出时应尽可能绕过积水严重的地段。

（四）大雾

1.灾害带来的危险

大量微小水滴悬浮在近地层空气中，能见度小于500米时，就是大雾天气。北京地区在秋冬两季经常出现大雾天气，它会给城市交通带来严重影响，容易造成交通事故。大雾天气时，城市中排放的烟尘、废气等有害物质容易在近地层空气中滞留，影响人体健康。

2.政府应对措施

1）预警信号

大雾预警信号分为3级，分别以黄色、橙色、红色表示。

大雾黄色预警信号：12小时内可能出现能见度小于500米的雾，或者已经出现能见度小于500米、大于或等于200米的雾并将持续。

大雾橙色预警信号：6小时内可能出现能见度小于200米的雾，或者已经出现能见度小于200米、大于或等于50米的雾并将持续。

大雾红色预警信号：2小时内可能出现能见度小于50米的雾，或者已经出现能见度小于50米的雾并将持续。

2）防御指南

大雾黄色预警信号：

（1）有关部门和单位按照职责做好防雾准备工作。

（2）机场、高速公路、轮渡码头等单位加强交通管理，保障安全。

（3）驾驶人员注意雾的变化，小心驾驶。

（4）户外活动注意安全。

大雾橙色预警信号：

（1）有关部门和单位按照职责做好防雾工作。

（2）机场、高速公路、轮渡码头等单位加强调度指挥。

（3）驾驶人员必须严格控制车、船的行进速度。

（4）减少户外活动。

大雾红色预警信号：

（1）有关部门和单位按照职责做好防雾应急工作。

（2）有关单位按照行业规定适时采取交通安全管制措施，如机场暂停飞机起降，高速公路暂时封闭，轮渡暂时停航等。

（3）驾驶人员根据雾天行驶规定，采取雾天预防措施，根据环境条件采取合理行驶方式，并尽快寻找安全停放区域停靠。

（4）不要进行户外活动。

3.志愿者应对措施

1）行动指南

（1）观察路面情况，提醒周边人注意交通安全。

（2）在车内协助驾驶员观察路况，小心驾驶。

（3）引导户外活动者，尽快返回。

2）紧急应对措施

（1）机动车驾驶员应打开防雾灯，密切关注路况。行驶中要减速慢行，控制好车速、车距。

（2）在高速公路上行驶的车辆，遇大雾天气、能见度过低时，应立即减速慢行，并将车驶向最近的停车场或服务区停放。

（3）大雾天气出行，行人应注意交通安全。应戴上口罩，防止吸入对人体有害的气体。

（五）道路结冰

1.灾害带来的危险

道路结冰是指降水，如雨、雪、冻雨或雾滴，碰到温度低于0℃的地面而出现的积雪或结冰现象。通常包括冻结的残雪、凸凹的冰辙、雪融水或其他原因的道路积水在寒冷季节形成的坚硬冰层。道路结冰容易发生在11月到次年4月（即冬季和早春）的一段时间内。出现道路结冰时，由于车轮与路面摩擦作用大大减弱，容易打滑，刹不住车，造成交通事故，行人也容易滑倒，造成摔伤。

2.政府应对措施

1）预警信号

道路结冰预警信号分3级，分别以黄色、橙色、红色表示。

道路结冰黄色预警信号：当路表温度低于0℃，出现降水，12小时内可能出现对交通有影响的道路结冰。

道路结冰橙色预警信号：当路表温度低于0℃，出现降水，6小时内可能出现对交通有较大影响的道路结冰。

道路结冰红色预警信号：当路表温度低于0℃，出现降水，2小时内可能出现或者已经出现对交通有很大影响的道路结冰。

2）防御指南

道路结冰黄色预警信号：

（1）交通、公安等部门要按照职责做好道路结冰应对准备工作。

（2）驾驶人员应当注意路况，安全行驶。

（3）行人外出尽量少骑自行车，注意防滑。

道路结冰橙色预警信号：

（1）交通、公安等部门要按照职责做好道路结冰应急工作。

（2）驾驶人员必须采取防滑措施，听从指挥，慢速行驶。

（3）行人出门注意防滑。

道路结冰红色预警信号：

（1）交通、公安等部门做好道路结冰应急和抢险工作。

（2）交通、公安等部门注意指挥和疏导行驶车辆，必要时关闭结冰道路交通。

（3）人员尽量减少外出。

3.志愿者应对措施

1）行动指南

（1）协助司机安装防滑链，并时刻注意路况。

（2）因道路结冰路滑跌倒，应紧急进行救助、伤情评估、固定、包扎等紧急处理。

2）紧急应对措施

（1）外出要采取保暖措施，耳朵、手脚等容易冻伤的部位，尽量不要裸露在外。

（2）出门要当心路滑跌倒，穿上防滑鞋；要注意远离或避让机动车和非机动车辆。

（3）尽量避免外出，特别是要少骑自行车。

（4）道路结冰行车应减速慢行，转弯时避免急转以防侧滑，踩刹车不要过急过死。

（六）高温

1.灾害带来的危险

高温热浪使人体不能适应环境，超过人体的耐受极限，从而导致疾病的发生或加重，甚至死亡，动物也是一样。同时高温热浪也可以影响植物生长发育，使农作物减产。高温热浪会对人们的工作、生活和身体产生诸多不良影响。热浪常与干旱伴生，用水用电急剧上升，同时容易使人疲劳、烦躁和发怒，间接导致公共秩序混乱、环境卫生恶化、传染病潜在流行、事故伤亡以及中毒、火灾等事件的增加。

2.政府应对措施

1）预警信号

高温预警信号分3级，分别以黄色、橙色、红色表示。

高温黄色预警信号：连续三天日最高气温将在35℃以上。

高温橙色预警信号：24小时内最高气温将升至37℃以上。

高温红色预警信号：24小时内最高气温将升至40℃以上。

2）防御指南

高温黄色预警信号：

（1）有关部门和单位按照职责做好防暑降温准备工作。

（2）午后尽量减少户外活动。

（3）对老、弱、病、幼人群提供防暑降温指导。

（4）高温条件下作业和白天需要长时间进行户外露天作业的人员应当采取必要的防护措施。

高温橙色预警信号：

（1）有关部门和单位做好防御高温工作。

（2）注意防火，保障电力安全和公共卫生安全，预防流行疫情。

（3）高温环境下作业和需要长时间户外露天作业的人员应采取防暑降温措施，午后高温时段尽量避免户外活动。

（4）特别注意老、弱、病、幼人群的防暑降温。

高温红色预警信号：

（1）有关部门和单位适时启动抢险应急预案，做好处置灾害的准备。

（2）采取措施，确保正常供电、供水。

（3）注意公共环境卫生和食品卫生，预防流行疫情。

（4）防暑降温，对老、弱、病、幼人群采取保护措施。

（5）午后高温时段尽量避免户外活动，中小学校在高温时段可决定停课，高温环境下作业的人员缩短连续工作的时间，暂停高温时段露天作业。

（6）加强防火，注意防范因用电量过高和电线、变压器等设施电力负载过大而引发的火灾，确保电力设施安全。

3.志愿者应对措施

1）行动指南

（1）妥存“三品”（危险品、易燃易爆品和毒害品）。避免将危险“三品”暴露在空气中，防止爆炸发生。

（2）如有人中暑，应立即把病人抬至阴凉通风处，给病人服用生理盐水，并进行降温。

（3）如果病情严重，病人体温超过40℃，意识丧失，无汗，立刻紧急送往医院进行专业救治。

2）紧急应对措施

（1）在高温条件下的作业人员，应采取防护措施或停止作业。白天尽量减少户外活动时间。

（2）出行时要做好防晒工作，戴太阳镜、遮阳帽、遮阳伞或者涂防晒霜，避免强光灼伤眼睛和皮肤。

（3）如身体不适，尽快脱离热环境，并适当补盐水，不可大量饮水。

（七）沙尘暴

1.灾害带来的危险

沙尘暴会造成空气质量恶化，影响人体健康和交通安全，破坏建筑物及公用设施，严重时还会造成人员伤亡。

2.政府应对措施

1）预警信号

沙尘暴预警信号分3级，分别以黄色、橙色、红色表示。

沙尘暴黄色预警信号：12小时内可能出现沙尘暴天气（能见度小于1000米）或已经出现沙尘暴天气并可能持续。

沙尘暴橙色预警信号：6小时内可能出现强沙尘暴天气（能见度小于500米）或已经出现强沙尘暴天气并可能持续。

沙尘暴红色预警信号：6小时内可能出现特强沙尘暴天气（能见度小于50米）或已经出现特强沙尘暴天气并可能持续。

2）防御指南

沙尘暴黄色预警信号：

（1）政府及有关部门做好防御沙尘暴工作。

（2）关好门窗，加固围板、棚架、广告牌等易被风吹动的搭建物，妥善安置易受大风影响的室外物品，遮盖建筑物资，做好精密仪器的密封工作。

（3）不宜开展户外活动，出行携带口罩、纱巾等防尘用品。

（4）呼吸道疾病患者、对风沙敏感的人员不宜进行户外活动。

（5）驾驶人员注意沙尘暴变化，小心驾驶。

沙尘暴橙色预警信号：

（1）政府及有关部门做好防御沙尘暴应急工作。

（2）停止露天活动和暂停高空、水上等户外作业。

（3）机场、铁路、高速公路等单位采取交通安全防护措施，驾驶人员注意沙尘暴变化，小心驾驶。

（4）关好门窗，加固围板、棚架、广告牌等易被风吹动的搭建物，妥善安置易受大风影响的室外物品，遮盖建筑物资，做好精密仪器的密封工作。

（5）户外人员戴好口罩、纱巾等防尘用品，不要在广告牌、临时搭建物和树下逗留，并注意交通安全。

（6）尽量减少出行，呼吸道疾病患者、对风沙敏感人员不要到室外活动。

沙尘暴红色预警信号：

（1）政府及有关部门做好防御沙尘暴应急抢险工作。

（2）人员在防风、防尘场所暂避风沙，不要在户外活动。

（3）学校、幼儿园推迟上学或放学，直至特强沙尘暴结束。

（4）飞机暂停起降，火车暂停运行，高速公路暂时封闭。

3. 志愿者应对措施

1）行动指南

（1）加强环境保护，并加强环境保护的宣讲活动。

（2）积极参加恢复植被行动。

（3）提前安置室外物品，加固围板。

（4）提前准备防尘口罩。

2）紧急应对措施

（1）及时关闭门窗，必要时可用胶条对门窗进行密封。

（2）外出时要戴口罩，用纱巾蒙住头，以免沙尘侵害眼睛和呼吸道而造成损伤。应特别注意交通安全。

（3）机动车和非机动车应减速慢行，密切注意路况，谨慎驾驶。妥善安置易受沙尘暴损坏的室外物品。

（4）发生强沙尘暴天气时不宜出门，尤其是老人、儿童及患有呼吸道过敏性疾病的人。平时要做好防风防沙的各项准备。

（八）寒潮

1.灾害带来的危险

寒潮是一种大型天气过程，会造成沿途大范围的剧烈降温、大风和风雪天气，由寒潮引发的大风、霜冻、雪灾、雨凇等灾害对农业、交通、电力、航海以及人们健康都有很大影响。大风降温天气容易引发感冒、气管炎、冠心病、肺心病、中风、哮喘、心肌梗死等疾病，有时还会使患者的病情加重。

2.政府应对措施

1）预警信号

寒潮预警信号分4级，分别以蓝色、黄色、橙色、红色表示。

寒潮蓝色预警信号：48小时内最低气温将要下降8℃以上，最低气温小于或等于4℃，陆地平均风力可达5级以上；或者已经下降8℃以上，最低气温小于或等于4℃，平均风力达5级以上，并可能持续。

寒潮黄色预警信号：24小时内最低气温将要下降10℃以上，最低气温小于或等于4℃，陆地平均风力可达6级以上；或者已经下降10℃以上，最低气温小于或等于4℃，平均风力达6级以上，并可能持续。

寒潮橙色预警信号：24小时内最低气温将要下降12℃以上，最低气温小于或等于0℃，陆地平均风力可达6级以上；或者已经下降12℃以上，最低气温小于或等于0℃，平均风力达6级以上，并可能持续。

寒潮红色预警信号：24小时内最低气温将要下降16℃以上，最低气温小于或等于0℃，陆地平均风力可达6级以上；或者已经下降16℃以上，最低气温小于或等于0℃，平均风力达6级以上，并可能持续。

2）防御指南

寒潮蓝色预警信号：

（1）注意添衣保暖。

（2）对农作物等采取一定的防护措施。

（3）妥善处置易受降温和大风影响的动植物。

（4）高空、水上等户外作业人员注意防寒防风。

寒潮黄色预警信号：

（1）政府及有关部门做好防御寒潮工作。

（2）注意添衣保暖，照顾好老、弱、病人。

（3）对牲畜、家禽和农作物等采取防寒措施。

（4）高空、水上等户外作业人员采取防冻措施。

（5）电力、燃气部门加强能源调度。

寒潮橙色预警信号：

（1）政府及有关部门适时启动抢险应急预案，做好防御寒潮的应急和抢险工作。

（2）电力、燃气部门加强能源调度。

（3）注意防寒保暖和防风。

（4）农林、畜牧等部门采取防霜冻、冰冻等防寒措施，做好预防冻害工作。

（5）交通运输部门对道路采取防滑和除冰等措施保障道路

畅通，电力、通信等部门对线路等设施采取除冰等措施保障电力供应和通信畅通，管道运输、自来水等部门对管道采取预防结冰的措施确保管道运输和自来水供应的安全。

（6）高空等户外作业人员采取防冻防风措施。

寒潮红色预警信号：

（1）政府及有关部门启动抢险应急预案，做好防御寒潮的应急和抢险工作。

（2）落实防寒保暖措施并做好防风工作。

（3）电力、燃气部门加强能源调度。

（4）农林、畜牧等部门采取防霜冻、冰冻等防寒措施，预防农作物、牲畜、家禽等遭受冻害，减少损失。

（5）交通运输部门对道路采取防滑和除冰等措施确保道路畅通，电力、通信等部门对线路等设施采取除冰等措施确保电力供应和通信畅通，管道运输、自来水等部门对管道采取预防结冰的措施确保管道运输和自来水供应的安全。

（6）暂停户外作业，减少不必要的户外活动。

3. 志愿者应对措施

1）行动指南

（1）关好门窗，紧固室外搭建物。

（2）提防煤气中毒，检查设备设施。

（3）做好提前防御工作，备好应急物资。

2）紧急应对措施

（1）当气温发生骤降时，要注意添衣保暖，特别是要注意手、脸的保暖。

（2）注意安全，外出当心路滑跌倒，有寒潮大风来临时，应特别注意交通安全。

（3）提防煤气中毒，尤其是采用煤炉取暖的家庭更要提防。

二、地质灾害篇

（一）泥石流

1.灾害带来的危险

泥石流本是自然界中的一种正常地质现象，但由于生存在地球上的人类不仅在人口数量上快速增长，而且社会经济活动日益活跃，进行各类工程建设，呈掠夺式的资源开发，因此，使得泥石流这一自然地质现象给人类造成了巨大危害。泥石流灾害的发生和成灾程度，除了决定于泥石流体本身的危险度、规模和性质外，还常取决于被袭击目标的性质、规模、所处的地貌部位以及预防程度。有时，一条大规模泥石流由于远离人类活动区域或因人们采取了有效的预防措施，造成的灾害会较低，而有些小规模泥石流却能酿成重灾。

2.政府应对措施

1）预警雨量

泥石流预警雨量指标包括10分钟预警雨量指标（10min）、1小时预警雨量指标（1h）、24小时预警雨量指标（24h），可采用多种灾害分析法分别确定泥石流临界雨量。前三天及当天的降雨量累计达到100毫米左右时，处于危险区内的人员应立即撤离。暴雨过后，泥石流仍可能会产生，等待确认安全后才可撤回。

2）防御指南

（1）定期清除山谷中的淤积坎、堆积物、乱石坎。

（2）疏通强降雨中的排洪通道。

（3）在泥石流沟修建拦挡坝，修建导流渠。

3.志愿者应对措施

1）行动指南

（1）主动清除沟道中的障碍物，保证沟道有良好的泄洪能力。

（2）积极开展改善生态行动，保护和改善山区生态环境。

（3）时刻警惕暴雨，如山区发生暴雨或长时间降雨，应警惕泥石流的发生，并时刻提醒周围人注意安全。

（4）如发现上游形成泥石流后，及时向下游发出预警信号。

2）紧急应对措施

（1）发现有泥石流迹象，应立即观察地形，向沟谷两侧山坡或高地跑，不要沿泥石流沟跑。

（2）逃生时，要抛弃一切影响奔跑速度的物品。

（3）不要躲在有滚石和大量堆积物的陡峭山坡下面。

（4）不要停留在低洼的地方，也不要攀爬到树上躲避。

（5）泥石流发生前的迹象：河流突然断流或水势突然加大，并夹有较多柴草、树枝；深谷或沟内传来类似火车轰鸣或闷雷般的声音；沟谷深处突然变得昏暗，并有轻微震动感等。

（6）去山地户外游玩时，要选择平整的高地作为营地，尽可能避开河（沟）道弯曲的凹岸或地方狭小高度又低的凸岸。

（7）切忌在沟道处或沟内的低平处搭建宿营棚。当遇到长时间降雨或暴雨时，应警惕泥石流的发生。

（二）滑坡

1.灾害带来的危险

滑坡常常给工农业生产以及人民生命财产造成巨大损失，有的甚至是毁灭性灾难。滑坡对乡村最主要的危害是摧毁农田、房舍，伤害人畜，毁坏森林、道路以及农业机械设施和水利水电设施等，有时甚至给乡村造成毁灭性灾害。位于城镇的滑坡常常掩埋房屋，伤亡人畜，毁坏田地，摧毁工厂、学校、机关单位等，并毁坏各种设施，造成停电、停水、停工，有时甚至毁灭整个城镇。发生在工矿区的滑坡，可摧毁矿山设施，伤亡职工，毁坏厂房，使矿山停工停产，常常造成重大损失。

2.政府应对措施

1）预警方法

（1）滑坡多发地段，临近居民区采取24小时预警监测。在发生灾害前，通过仪器及时监测山体松动、偏移的微小征兆，并立刻自动报警。

（2）对历史监测数据、报警数据、统计图表数据等进行数据管理，用于长期监测。

2）防御指南

（1）群策群防，发生连续强降雨应及时转移安置。

（2）在滑坡体上部及坡面防水排水，在坡脚建挡土墙。

（3）采用抗滑桩、锚索等措施加固滑坡体或清除不稳定滑坡体。

（4）搬迁避让。

3. 志愿者应对措施

1）行动指南

（1）发现可疑的滑坡活动时，应立即报告邻近的村、乡、县等有关政府或单位。

（2）人工加固边坡，防止外围地表水进入滑坡区。

（3）迅速组织群众撤离危险区及可能的影响区。

（4）通知邻近的河谷、山沟中的人们做好撤离准备，密切注视灾情的蔓延和转化。

（5）积极进行简单的医学自救互救措施，降低灾害程度，同时严防次生灾害，密切注视其变化动态。

2）紧急应对措施

（1）当处在滑坡体上时，应保持冷静，不能慌乱。要迅速环顾四周，向较安全的地段撤离。

（2）撤离时，向两侧跑为最佳方向。

（3）如滑坡呈整体滑动时，原地不动，或抱住大树等物。

三、洪涝灾害篇

1. 灾害带来的危险

内涝发生时，通常造成货物流通受阻、病人得不到及时救治，如果变电站、输电输气线路、供水线路和通信线路出现故障，就会停电停水停气，通信中断，影响人们正常的生活。城市内涝一旦发生会影响城市的道路、桥梁、地铁、火车及机场等公共交通设施，对人们的出行、货物运输以及应急救援都会造成困难，致使城市交通瘫痪。

城市内涝时，位于城市低洼地带的商业和生产企业一旦受淹，工商业活动会受到影响。与影响普通居民的生活一样，由于内涝灾害带来的停水停电等故障，也会打乱各企业的生产计划。一些与民生相关的企业受损也将给人们的生活带来不便。

2.政府应对措施

1）预警信号

蓝色预警信号：表示预计水位可能达到或超过警戒水位。

标准：满足下列条件之一。

（1）水位（流量）接近警戒水位（流量）。

（2）洪水要素重现期接近5年。

黄色预警信号：表示预计水位可能接近保证水位。

标准：满足下列条件之一。

（1）水位（流量）达到或超过警戒水位（流量）。

（2）洪水要素重现期达到或超过5年。

橙色预警信号：表示预计水位可能达到或超过保证水位。

标准：满足下列条件之一。

（1）水位（流量）达到或超过保证水位（流量）。

（2）洪水要素重现期达到或超过20年。

红色预警信号：表示预计水位可能达到或超过堤防设计水位/堤顶高程/50年一遇水位。

标准：满足下列条件之一。

（1）水位（流量）达到或超过历史最高水位（最大流量）。

（2）洪水要素重现期达到或超过50年。

2）防御指南

（1）市民注意收听、收看有关媒体的报道，密切关注洪水信息。

（2）户外人员注意街上电力设施，如有电线滑落，即刻远离并马上报告电力部门；切断低洼地带有危险的室外电源；远离地下通道或高架桥下面的通道；不要在流水中行走，15厘米深度的流水就能使人跌倒。

（3）室内人员备足速食食品或蒸煮够食用几天的食品，准备足够的饮用水和日用品；将不便携带的贵重物品作防水捆扎后埋入地下；关闭门窗，防止水流进入屋内，一旦进水立即关闭电源、煤气等设备。

（4）根据电视、广播等提供的洪水信息和所处的位置房舍结构条件，冷静选择撤离位置；按照预定路线，有组织地向山坡、高地等处转移；认清路标，明确撤离路线和目的地，避免因为惊慌而走错路。

3.志愿者应对措施

1）行动指南

（1）受灾后，第一时间开展自救互救，并向当地政府报告受灾情况。

（2）时时观察灾情变化，提前做好紧急撤离准备。

（3）提醒受灾群众饮水安全，不喝生水，装水的缸、桶、锅、盆等必须保持清洁；对取自井水、河水、湖水、塘水的临时饮用水，一定要进行消毒，志愿者可示范消毒流程并进行卫生宣讲。

（4）协助做好受灾地区的消杀工作。

（5）协助做好受灾地区的防蝇灭蝇工作。

（6）协助当地政府开展救灾物资发放以及灾民安置工作。

2）紧急应对措施

（1）洪水到来时来不及转移的人员，要就近迅速向山坡、结构牢固的楼房上层、高地等地转移。

（2）泥坯房里人员在洪水到来时，来不及转移的，要迅速找一些门板、桌椅、木床、大块的泡沫塑料等漂浮的材料扎成筏逃生。不宜游泳、爬到屋顶。

（3）如果被洪水包围，要设法尽快与当地政府或部门取得联系，报告自己的方位和险情，积极寻求救援。

（4）勿游泳逃生，勿攀爬带电的电杆、铁塔，远离倾斜电杆和电线断头；如已被卷入洪水中，一定要尽可能抓住固定的或能漂浮的东西，寻找机会逃生。

（5）山区如发现水流湍急、混浊及夹杂泥沙时，可能是山洪暴发的前兆，应离开溪涧或河道。

四、森林火灾篇

1.灾害带来的危险

森林火灾是一种突发性很强、破坏性巨大且处置救助较为困难的自然灾害。森林火灾危害极大，最直观的危害是烧死或烧伤林木，一方面使森林蓄积下降，另一方面也使森林生长受到严重影响。此外，森林燃烧会产生大量烟雾，其主要成分为二氧化碳和水蒸气，这两种物质占所有烟雾成分的90%~95%，一氧化碳、碳氢化合物、碳化物、氮氧化物及微粒物质占5%~10%。除了水蒸气以外，所有其他物质的含量超过某一限度时都会造成空气污染，危害人类身体健康及野生动物的生存。

2.政府应对措施

1）预警信号

森林火险预警信号分3级，分别以黄色、橙色、红色表示。

黄色预警：较高火险，森林火险气象等级为三级，林内可燃物较易燃烧，森林火灾较易发生。

橙色预警：高火险，森林火险气象等级为四级，林内可燃物容易燃烧，森林火灾容易发生，火势蔓延速度快。

红色预警：极高火险，森林火险气象等级为五级，林内可燃物极易燃烧，森林火灾极易发生，火势蔓延速度极快。

2）防御指南

黄色预警：

（1）进入森林防火防御状态，有关单位应当加强森林防火宣传教育，普及用火安全指引。

（2）加强巡山护林和野外用火的监管工作。

（3）进入森林防火区，注意防火；森林防火区用火要做好防范措施，勿留火种。

（4）充分做好扑火救灾准备工作。

橙色预警：

（1）进入森林防火临战状态，有关单位应当进一步加强森林防火宣传教育。

（2）加大巡山护林和野外用火的监管力度。

（3）加强检查，禁止携带火种进山。

红色预警：

（1）进入紧急防火状态，有关单位加强值班调度，密切注意林火信息动态。

（2）进一步加强巡山护林，落实各项防范措施，及时消除森林火灾隐患。

（3）严格检查，禁止携带火种进山，严格管制野外火源。

（4）政府可以发布命令，禁止一切野外用火，严格管理可能引发森林火灾的居民生活用火。

（5）做好扑火救灾充分准备工作，森林消防队伍要严阵以待。

（6）发生森林火灾时要及时、科学、安全扑救，确保人民群众生命财产安全。

3.志愿者应对措施

1）行动指南

（1）广泛宣传护林防火基本知识。

（2）监督控制野外用火。

（3）如遇初期灭火阶段，迅速开展灭火控制火势，并报告火情。

（4）火被扑灭后，要检查是否存在余火。

2）紧急应对措施

（1）立即报警，尽可能说清起火方位、火场面积、燃烧的植被种类等。

（2）陷入危险环境，要迅速进入火已经烧过的地带躲避，无法突围时要选择植被少、火焰低的地区扒开浮土直到见着湿土，把脸放进小坑里，用衣服包住头，双手放在身体正面，避开火头。冲越火线时应逆风逃跑。

第四节
/
事故灾难应急处置

一、火灾事故篇

1.灾难带来的危险

在社会生活中，火灾已经成为威胁公共安全、危害人民群众生命财产安全的一种主要灾害。一旦发生火灾，不仅会造成巨大的人员伤亡和经济损失，还会对环境和生态系统造成不同程度的破坏，同时也会给社会带来不安定因素。

2.政府应对措施

1）火灾报警

火灾警报器是一种最基本的火灾警报装置，通常与火灾报警控制器组合在一起，它以声、光音响方式向报警区域发出火灾警报信号，以警示人们采取安全疏散、灭火救灾措施。

2）防御指南

（1）定期对消防设施、灭火器材和消防安全标志进行维护保养，确保其完好有效。要时刻保持防火门、防火卷帘、消防安全疏散指示标志、应急照明、机械排烟送风、火灾事故广播等设施处于正常工作状态。

（2）保证疏散通道、安全出口的畅通。不得占用疏散通道或者在疏散通道、安全出口上设置影响疏散的障碍物，不得在营业、生产、工作期间封闭安全出口，不得遮挡安全疏散指示标志。

（3）禁止在具有火灾、爆炸危险的场所使用明火。因特殊情况需要进行电、气焊等明火作业的，动火部门和人员应当严格按照单位的用火管理制度办理审批手续，落实现场监护人，配置足够的消防器材，并清除动火区域的易燃、可燃物。

（4）消防安全重点单位应当进行每日防火巡查，并确定巡查的人员、内容、部位和频次。其他单位可以根据需要组织防火巡查。防火巡查人员应当及时纠正违章行为，无法当场处置的，应当立即向有关部门报告。

3. 志愿者应对措施

1）行动指南

（1）切断电源，保持镇静，正确、迅速地拔掉家用电器电源插头或切断着火点前端电源导线。

（2）使用正确的灭火器进行初期火灾的灭火。

（3）如遇15秒以内无法扑灭的火情，立刻撤出，并拨打火警电话，等待救援到来。

（4）灭火后翻动燃烧物，检查是否会复燃。

（5）如遇大火需要紧急撤离，协助疏散群众，有序撤离。

2）紧急应对措施

（1）清楚自己所处位置，根据疏散指示牌逃生。

（2）逃生时，披上浸湿的衣物或毛毯，捂住口鼻。

（3）尽量沿着墙壁弯腰前进，不可使用电梯。

二、交通运输事故篇

（一）铁路交通

1.灾难带来的危险

火车载客量大、车身质量大、速度快，加之没有安全带以及车厢内放有大量行李，一旦发生事故，往往会造成很大的伤亡。即使是几十公里的相对碰撞都足以造成几十人乃至上百人遇难，其生命危害程度远大于公路交通事故。铁路交通事故还容易因周边列车或列车自身环境而引发二次事故，造成更大的伤亡。

2.政府应对措施

铁路交通事故分为特别重大事故、重大事故、较大事故和一般事故4个等级。

特别重大事故：造成30人以上死亡；或者造成100人以上重伤（包括急性工业中毒，下同）；或者造成1亿元以上直接经济损失；或者繁忙干线客运列车脱轨18节以上并中断铁路行车48小时以上；或者繁忙干线货运列车脱轨60节以上并中断铁路行车48小时以上的为特别重大事故。

重大事故：造成10人以上30人以下死亡；或者造成50人以上100人以下重伤；或者造成5000万元以上1亿元以下直接经济损失；或者客运列车脱轨18节以上；或者货运列车脱轨60节以上；或者客运列车脱轨2节以上18节以下，并中断繁忙干线铁路行车24小时以上或者中断其他线路铁路行车48小时以上；或者货运列车脱轨6节以上60节以下，并中断繁忙干线铁路行车24小时以上；或者中断其他线路铁路行车48小时以上的为重大事故。

较大事故：造成3人以上10人以下死亡；或者造成10人以上50人以下重伤；或者造成1000万元以上5000万元以下直接经济损失；或者客运列车脱轨2节以上18节以下；或者货运列车脱轨6节以上60节以下；或者中断繁忙干线铁路行车6小时以上；或者中断其他线路铁路行车10小时以上的为较大事故。

一般事故：一般事故分为一般A类事故、一般B类事故、一般C类事故和一般D类事故四类。造成2人死亡；或者造成5人以上10人以下重伤；或者造成500万元以上1000万元以下直接经济损失；或者列车及调车作业中发生冲突、脱轨、火灾、爆炸、相撞，造成相应后果的，未构成较大以上事故的为一般A类事故。造成1人死亡；或者造成5人以下重伤；或者造成100万元以上500万元以下直接经济损失；或者列车及调车作业中发生冲突、脱轨、火灾、爆炸、相撞，造成相应后果的，未构成一般A类以上事故的为一般B类事故。列车冲突；或者货运列车脱轨；或者列车火灾；或者列车爆炸；或者列车相撞等情形之一，未构成一般B类以上事故的为一般C类事故。调车冲突或者调车脱轨或者挤道岔或者调车相撞等情形之一，未构成一般C类以上事故的为一般D类事故。

3.志愿者应对措施

1）行动指南

（1）发生火车事故时，协助车组人员疏散乘客，同时安抚乘客情绪。

（2）发生火情时，及时用灭火器扑灭初期火灾，并通知车组人。

（3）如遇火车事故时，协助车组人员第一时间开展救援行动，处置乘客伤情，排查危险，等待专业救援到来。

2）紧急应对措施

起火时的自救：

（1）让火车迅速停下来：乘客首先要冷静，千万不能盲目跳车，跳车无疑等于自杀，使列车迅速停下是首要选择。

（2）列车失火应迅速通知列车员停车灭火避难，或迅速冲到车厢两头的连接处，找到链式制动手柄，按顺时针方向用力旋转，使列车尽快停下来。

（3）迅速冲到车厢两头的车门后侧，用力向下扳动紧急制动阀手柄，也可以使列车尽快停下来。通过车组人员的无线联络，晃动车灯，通知前方列车司机停车。

（4）在乘务人员疏导下有序逃生：如果发生火灾时列车尚在高速行驶中，起火车厢内的火势不大时，列车乘务人员应告诉乘客不要开启车厢门窗，以免大量新鲜空气进入后加速火势的扩大蔓延。因为列车在运行中风量相当大，关闭门窗既减缓了火灾燃烧的速度，也为人们实施逃生留下了更宝贵的时间。

（5）同时，组织乘客利用列车上灭火器材扑救火灾，还要有秩序地引导被困人员从起火车厢疏散到未起火车厢，最后走的人可关上车厢分隔门以阻挡火势和浓烟蔓延。

（6）当车厢内浓烟弥漫时，要告诉被困人员采取低姿行走的方式。当旅客列车停稳后，乘务人员要迅速组织人力将车门和车窗打开，帮助未逃离起火车厢的被困人员向外疏散。

（7）人员逃生时，要沉着镇定，千万不要人为堵死车门，要尽量顺列车行进方向撤离，因为运行中的列车起火通常是向后部车厢蔓延的，火势越大蔓延越快。离开列车后，设法用电话报警，通知救援人员。

出轨时的避险措施：

（1）脸朝行车方向坐的人要马上抱头屈肘伏到前面的坐垫上，护住脸部，或者马上抱住头部朝侧面躺下。背朝行车方向坐的人，应该马上用双手护住后脑部，同时屈身抬膝护住胸、腹部。

（2）如果座位不靠近门窗，应留在原位，抓住牢固的物体或者靠坐在座椅上，低下头，下巴紧贴胸前，以防头部受伤。

（3）若座位接近门窗，就应尽快离开，迅速抓住车内的牢固物体。在通道上坐着或站着的人，应该面朝着行车方向，两手护住后脑部，屈身蹲下，以防冲撞和落物击伤头。

（4）如果车内不拥挤，应该双脚朝着行车方向，两手护住后脑部，屈身躺在地板上，用膝盖护住腹部，用脚蹬住椅子或车壁，同时提防被人踩到。若事故发生时人在厕所里，应背靠行车方向的车壁，坐到地板上，双手抱头，屈肘抬膝护住腹部。

（5）事故发生后，如果无法打开车门，就把窗户推上去或砸碎窗户玻璃，然后脚朝外爬出来。但时刻注意不要让碎玻璃划伤，也不要被铁轨电击受伤。

（6）如果车厢看起来不会再倾斜或者翻滚，待在车厢里等待救援是最安全的。

（7）确定跳车避险时，应注意对面来车并采取正确的跳车方法。跳下后，要迅速撤离，不可在火车周围徘徊，这样很容易发生其他危险。

（8）离开火车后，应设法通知救援人员。如附近有一组信号灯，灯下通常有电话，可用来通知信号控制室，或者就近寻找电话报警。

（二）地铁交通

1.灾难带来的危险

运行中的地铁常发生火灾事故、毒气事故、列车相撞事故、脱轨事故、停电事故、乘客坠落站台事故、自然灾害造成的事故以及设备故障等事故。地铁事故具有突发性强、人员伤亡大、处置难度和社会影响大等特点。首先，地铁发生火灾或毒气泄漏事故的时间和地点具有不确定性，初期极具隐蔽性，不易发觉，一旦发现已达到一定的危害范围和程度。其次，由于地铁线长面广，人员密度大，出入口少，疏散线路长，通风、照明条件差，一旦发生事故，这么大的客流量很难在设计时间内顺利疏散完毕，易造成大量人员伤亡。此外，一旦发生事故，地铁运行还会较长时间中断，影响人们正常的生活和工作，尤其是人为故意造成的纵火和毒气事故直接影响社会秩序稳定。

2.政府应对措施

1）事故分级

特别重大事故：造成30人以上死亡，或者100人以上重伤（包括急性工业中毒，下同），或者1亿元以上直接经济损失的事故。

重大事故：造成10人以上30人以下死亡，或者50人以上100人以下重伤，或者5000万元以上1亿元以下直接经济损失的事故。

较大事故：造成3人以上10人以下死亡，或者10人以上50人以下重伤，或者1000万元以上5000万元以下直接经济损失的事故。

一般事故：造成3人以下死亡，或者10人以下重伤，或者1000万元以下直接经济损失的事故。

2）防御指南

（1）乘客进入地铁后，要对地铁的内部设施、结构布局和车厢环境进行观察，熟记疏散通道出口的位置，以便发生事故时迅速逃生。

（2）地铁发生事故时，灯光和安全的空气是首要之需。因此常搭乘地铁的人可随身携带紧急救难用品。如带手电筒的笔可应付停电，湿纸巾、湿毛巾等可在火灾发生时挡住口鼻，以免吸入烟气和有毒气体。

（3）乘坐地铁时，不要倚靠在车门上，应尽量往车厢中部走。一旦发生撞车事故，车厢两头和车门附近是很危险的。

（4）在没有安全屏蔽门的站台，候车人一定要站在黄色安全线后面候车。发生人群拥堵时要注意观察，以免发生坠落或者被人挤下站台等意外。如发现有人意外坠落，应赶紧大声呼救并向工作人员示意，以便工作人员采取措施救助。

3. 志愿者应对措施

1）行动指南

（1）发生地铁事故时，协助疏散乘客，安抚乘客情绪。

（2）发生火情时，及时用灭火器扑灭初期火灾。

（3）如遇需要破窗逃生时，注意手部安全防护，敲击时提醒周围人注意玻璃碎片飞溅。

（4）紧急疏散时，根据逃生指示标识进行乘客疏散，谨防发生踩踏事故。

2）紧急应对措施

地铁火灾：

（1）运行中的地铁列车发生火灾时，乘客首先要按动车厢内的紧急报警按钮进行报警，此按钮在两节车厢连接处。

（2）将紧急报警按钮向上扳动即可通知地铁列车司机，以便及时采取相应措施。

（3）然后要尽可能寻找简易防护。可以用毛巾、纸巾、衣物等捂住口鼻，有条件的话将其浸湿，防止烟雾进入呼吸道。

（4）在有浓烟的情况下，采用低姿势撤离，因为烟气比空气轻而飘于上部，贴近地面逃离是避免烟气吸入的最佳方法。

（5）视线不清时，手摸墙壁徐徐撤离。逃生时不要做深呼吸，以免吸入更多的烟气。

（6）要正确选择逃生路线。打开车厢中紧急出逃窗，或用应急装置手动打开车门，或砸开未遇火的面向站台的车窗玻璃，确定自己所处的位置、距起火点的位置及火势大小后逃生。

（7）逃生时千万不要打开发热且紧闭的门，以免被发热门另一边的火吞噬。要背离火源，朝明亮处逃生，迎着新鲜空气跑。乘客要视列车火灾的情况灭火。

（8）火灾较小时，可利用每节车厢内两个内侧车门中间座位下放置的干粉灭火器灭火。

（9）如果初期火灾扑救失败，应及时关闭车门，防止火势蔓延，以赢得逃生时间。

（10）当列车行驶至车站时失火，乘客要听从车站工作人员的统一指挥，按照车站的疏散标志指示方向疏散。

（11）如果火灾引起停电，可按应急灯指示标志有序逃生，并注意朝背离火源方向逃生。

（12）如果失火列车在隧道内无法运行时，乘客要注意收听列车上的广播，在工作人员的指引下，有序通过车头或车尾疏散门进入隧道，向临近车站撤离。

停电事故：

（1）如果列车在隧道中运行时突然停电，造成地铁车门打不开，没有工作人员的现场安排，乘客不要擅自扒门，要注意收听车站广播，听从指挥，千万不要盲目地跟从人流相互拥挤、乱冲乱撞。

（2）疏散过程中要注意脚下异物，严禁进入另一条隧道。撤离车厢时不要贪恋财物，不要因为顾及贵重物品而浪费宝贵的逃生时间。当确定可以安全离开车厢时，青壮年乘客应帮助妇女和儿童，搀扶或抬着行动困难的乘客离开现场，从而最大限度地降低人员伤亡。

（3）如站台有救援专用通道，乘客应在救援人员的帮助下，通过救援专用通道迅速撤离事故现场。

（4）乘客不必担心被关在密闭的地铁车厢里会出现呼吸困难，即使全部停电后，列车上还有可维持45分钟至1小时的应急通风。

（5）值得注意的是，站台的容量足够乘客安全有序地撤离，不要直接跳到隧道里乱跑。

发生地震、水灾等自然灾害：

（1）发生地震时，在地铁站内的乘客应保持镇静，就地择物躲藏，然后听从指挥，有序撤离，切忌慌乱逃生。

（2）如在车厢中，可尽量躲在座位下，不要盲目大声呼叫，可用身边的器物敲击，与外界联系，以减少体力消耗。

（3）要注意搜寻可食用的饮水和食品，延续生命，等待救援。某些地铁增设了与邻近高层建筑物的联络通道，并设置了相应隔断门。

（4）当发生水灾时，地铁内的乘客可通过联络通道进入邻近建筑物，特别是可利用城市高层建筑物的优势疏散。

（三）道路交通

1.灾难带来的危险

道路交通事故的危害主要涉及人（家庭）、物、社会三个方面。交通事故对人、对家庭的危害很大，在给受害人个体带来痛苦的同时也给其家庭带来痛苦，使家庭医疗支出额外增加、家庭日常开支增大，使受害人的家庭失去劳动力、失去经济收入来源，使受害人的家庭变得残缺不全等。交通事故对物的危害是指事故现场受到损害或损坏各类物品，物品受到损害后，轻者部分丧失原有的作用或功能，重者完全报废，失去原有的全部作用与功能。交通事故对社会的危害是指无论是引起人的伤亡还是物的损坏，都会对社会资源造成浪费。

2.政府应对措施

1）事故分级

轻微事故：一次造成轻伤1~2人，或财产损失折款对于机动车事故不足1000元，对于非机动车事故不足200元的事故。

一般事故：一次造成重伤1~2人，或者轻伤3人以上，或者财产损失折款不足3万元的事故。

重大事故：一次造成死亡1~2人，或者重伤3人以上10人以下，或者财产损失折款3万元以上、6万元以下的事故。

特大事故：一次造成死亡3人以上，或者重伤11人以上，或者死亡1人同时重伤8人以上，或者死亡2人同时重伤5人以上，或者财产损失折款6万元以上的事故。

2）防御指南

（1）行人应当自觉遵守交通法规，增强自我保护意识。行人应行走在人行道内，没有人行道的要靠边行走。

（2）通过路口或横过马路时，按照交通信号灯指示或听从交通民警的指挥通行。

（3）通过没有交通信号灯或人行横道的路口，或在没有过街设施的路段横过马路时，应注意来往车辆，看清情况，让车辆先行，不要在车辆临近时突然横穿，确认安全后通过。不要在道路上强行拦车、追车、玩耍、坐卧、钻越、跨越人行护栏或道路隔离设施。

（4）骑自行车、人力三轮车、电动车等非机动车出行时要遵守交通规则。骑车时要精神集中，靠边骑行，不要和机动车抢路等。

（5）进站乘车时要自觉接受安全检查，在指定的地点候车，等车辆停稳后再上车。不要突然从车前车后走出或猛跑穿越马路，防止被来往的车辆撞上。不要在车行道上招呼出租车，以免被疾驰而至的汽车撞伤。

（6）车辆行进中不能将头、手伸出窗外，防止被车辆、树木和建筑物剐蹭。

3. 志愿者应对措施

1）行动指南

（1）倡导身边人增强交通安全意识。

（2）适当阻止不文明交通行为。

（3）遇到交通事故造成的行人受伤，及时拨打急救电话并开展救护行动，紧急处理伤情前应做好个人防护。

（4）遇到交通事故，在保证安全的前提下协助疏导交通。

（5）遇到车辆事故，评估现场安全，后方设置警示牌，观察车辆是否处于稳定状态，观察伤员情况。

（6）在个人技能和装备不允许的情况下，不要贸然开始营救，及时拨打急救电话，在安全的位置等待救援。

2）紧急应对措施

车辆起火：

（1）车辆在行车途中突然起火，如果起火火势较小，应先选择灭火。灭火时驾驶员应立即熄火、切断油路和电源，关闭百叶窗和点火开关。

（2）灭火后司机要立即打开车门设法组织车内人员离开车体。若因车辆碰撞变形，车门无法打开时，不要试图撬车门，这样会耽误很多时间，乘客可从前后挡风玻璃或车窗处脱身。

车辆翻车：

（1）当车辆不可避免地要倾翻时，驾驶员首先要将车辆熄火，这样做的目的是保证车辆不会发生燃烧、爆炸等事故。

（2）车辆熄火后司机应固定身体，双手先撑住车顶，双脚钩住踏板，背臀紧贴座椅，使身体固定，随车体旋转。

（3）车内乘客应迅速趴到座椅上，抓住车内的固定物，使身体夹在座椅中，稳住身体，避免身体在车内滚动而受伤。

（4）翻车时，应向车辆翻转相反方向跳跃，落地时应双手抱头顺势向惯性方向滚动或奔跑一段距离，避免二次受伤。

车辆落水：

（1）当车辆翻进河里时，一般不会立即下沉，可把握下沉前的一分半钟从车门或车窗及时逃生。

（2）即使车辆沉下水底，也有办法逃生，因为从车厢注满水到下沉需要一段时间。

（3）注满水的确定时间要视车窗是否打开、车身是否密封及水深程度而定。车辆下沉越深，水压越大，注水也就越快。

（4）一旦落水，不能惊慌失措，双手要抓紧扶手或椅背，让身体后仰，紧贴着靠背，随着车体翻滚。

（5）避免车辆在翻滚入水之前，车内人员被撞击昏迷，以致入水后无法自救而死亡。

（6）坠落过程中，应紧闭嘴唇，咬紧牙齿，以防咬伤舌头。

（7）车辆有一定的闭水性能，若水较深时先不要急于打开车窗玻璃和车门，因为这时车门是难以打开的，而应该关闭车门和所有车窗及通风管道，以保留车厢内的空气，阻止水涌进。此时，车内的氧气可供司机和乘客维持5~10分钟。

（8）车内人员应首先使头部保持在水面上，迅速用力推开车门或玻璃，同时深吸一口气，及时浮出水面。

（9）如有时间，开亮前灯和车厢照明灯，既能看清四周，也便于救援人员搜索。

（10）逐渐下沉中，车身孔隙不断进水，到内外压力相等时，车厢内水位才不再上升。这段时间要保持镇定，耐心等待。内外压力不等时，欲强行打开车门反而会减少逃生机会。

（11）当水位不再上升时，做一个深呼吸后再打开车门或车窗跳。

（12）外衣需要先脱下，假如车门打不开，可用修车工具或在手上缠上衣服后打碎车窗玻璃。

第三章 应急救护技能

应急处置是跨行业的时效救援行动，应急志愿者要以“白金10分钟，黄金1小时”的时效救援法则为指导，掌握必备的应急救护技能并不断学习、领会、贯彻在应急志愿服务中。本章主要介绍了意外伤病、围心跳骤停以及10分钟之内的应急医学救援概念和原则，应急志愿者的基本应急能力和基础急救能力，应急志愿者在实际工作中的常用技术及有关救护技术，并罗列了开展自救互救方面的法律法规，以便应急志愿者提升应急救护的综合能力。

第一节 / 意外伤病和围心跳骤停

一、意外伤病

1. 定义

意外伤病是指因意外情况导致身体发生某种疾病或受到某种伤害的事件，是非预期、突发的、非本意的。

2. 意外伤病种类

意外伤病包括各类原因导致的外伤、身体发生的疾病、外界对身体的损害等。其中属于紧急、重要的主要包括：晕倒、意识丧失、呼吸骤停、围心跳骤停、气道异物梗阻、四肢和体表活动性出血、误服和中毒等。可简单归纳为：出血、气道异物梗阻、围心跳骤停、中毒等四大类威胁生命的急危重症。

二、围心跳骤停

心跳骤停是一种突发意外病状，它是一个过程，即指围心跳骤停期。围心跳骤停期是指当急危重症伤病员开始出现低体温、意识改变、呼吸异常、脉搏心律异常、血压不稳、少尿或无尿、血色素低于5克、化验检查的危急值等，直至发生心跳骤停的过程。又可分为：

1. 围心跳骤停前期

符合上述标准即为此期，这段时间可能持续数天到数小时以内。

2. 围心跳骤停中期

这段时间可持续数十分钟，多在10分钟以内，可在1分钟内生命体征全无。中期在复苏干预下，可以呈现起伏延续。本期有3个阶段。

（1）第一阶段： 生命体征未完全停止（既往概念的正常规范），心率为60~50次/分。此期是干预早期，也是防止心跳停止处置的最佳时机。

（2）第二阶段： 生命体征近心跳停止（既往概念的异常范围），意识丧失、叹息样无效呼吸或呼吸次数低于4次/分、心率在50~35次/分。此期是干预后期，如复苏顺利，脑损害小。

（3）第三阶段： 脉搏心跳停止、室颤、电机械分离，或心率低于35次/分，血液停止流动。此期是干预的晚期。

3. 围心跳骤停后期

出现无意识、无呼吸、无脉搏、无心跳，经过抢救，可出现3种结局。

（1）放弃或无效： 抢救中放弃，抢救无效，患者死亡。

（2）循环或呼吸恢复： 病人预后变化大，或在5~7天内死亡，或呈植物生存状态。

（3）脑功能恢复： 这类病人基本可痊愈出院，出院后生活及工作状态良好。

上述（1）、（2）状态，可考虑自然死亡、器官移植。

第二节 / 10分钟之内的应急医学救援概念及原则

心脏骤停是心脏急救中最严重的情况，即心脏射血功能突然中止，导致重要器官严重缺血、缺氧，常出现在大出血、休克、电击、溺水等情况，如果不及时干预会导致患者死亡，医学上称猝死。

一、关于“黄金时间”说

针对心脏骤停这种情况，有过许多不同表述。

（1）黄金1分钟：心脏骤停约1分钟，患者呼吸将逐渐停止，为第一个黄金点。需为患者保持呼吸道通畅，在心跳骤停1分钟内立刻给予高质量的心肺复苏，抢救成功率可达90%。

（2）黄金3分钟：有电生理研究，在室颤发生时，头3分钟之内，是除颤的第一个黄金点，心肺复苏的第二个黄金点。此时进行心肺复苏，存活率可达50%~70%。

（3）黄金4分钟：对于心脏骤停的患者，4分钟内进行复苏者可能有半数患者被救活。超过4分钟时间越久，脑细胞损害越重，抢救后出现植物状态概率逐步增加。

（4）黄金5分钟：是由急救界某些专家根据“院前猝死抢

救”的现实条件，提出业内努力的目标。据统计，在医院外心脏停搏的患者，由于得不到及时抢救，活过来的概率不到1%。黄金5分钟是提升我国急救水平的一个目标时间。

（5）黄金6分钟：针对以上时间难以实现，有专家根据心脏骤停4~6分钟后，将出现不可逆的脑细胞损害作为依据，采用6分钟时限，作为现实努力可行目标的一种改良提法。

（6）黄金8分钟：心脏骤停8分钟时患者将进入植物人状态。如心脏骤停8分钟内立刻给予高质量的心肺复苏，抢救成功率仅为20%。有专家将黄金8分钟作为急救框架项目使用。

总之，心脏骤停发生后，在10分钟内，急救每延误1分钟，成功率下降7%~10%。延误达到10分钟以上，抢救成功率将近于零。

二、关于“白金时间”说

白金10分钟工作室专家团队通过研究发现：既往中国25年的专业心肺复苏在发病5分钟内的心跳恢复率是35.3%，而经过培训的大众心肺复苏心跳恢复率达到32.9%，两者统计学没有差异。针对公共场所大型活动现场心脏骤停，提出“公众心肺复苏方案”，即1分钟内有人做心肺复苏，7分钟后有AED或专业抢救衔接，不伴有脑损害的抢救成功率可达到95%的效果。

白金10分钟急救理论：是针对意外伤病发生后，“头10分钟（Emergency Platinum Ten Minutes, EPTM）”的理论构建和方法集合，涵盖了黄金1分钟、黄金3分钟、黄金4分钟、黄金5分钟、黄金6分钟、黄金8分钟的时效性概念。按照时效性原则、理论、方案，弥补了专业人员不能到达的、时效最重要、救治最薄弱的专业空白时段内，与120或其他救援系统相衔接，最大限度挽救生命和避免伤病恶化的救治过程（补齐了急救链）。

习近平总书记在中央军委后勤工作会议上也指出："现代战争，对一线救治的时效性要求越来越高，'白金十分钟''黄金一小时'成为战伤救治的重要法则。"

白金10分钟自救互救概念：是在意外伤病发生后的现场，头10分钟左右，由伤病员与目击者，针对围心跳骤停的急危重症，遵守时效性原则，按照正常流程（确信现场安全—判断生命体征—报警—抢救），使用正确急救技术（复苏体位、止血、解除气道异物梗阻、徒手心肺复苏、AED、催吐误服可疑食物等），以挽救生命或避免伤病恶化，并辅以精神和心理支持的急救行动。

自救互救是由伤病者本人或目击者在事发现场参与的救护行为，是一切救治的开始与基础，也是急救链上一个独立的初始环节。其时效性最佳、时效值最大，不能被专业救治替代，是比专业急救更重要的急救阶段，其优劣直接影响整体救治效果。

三、白金10分钟自救互救的意外伤病种类、技术范围和处置流程

（一）伤病种类

针对围心跳骤停的几种急危重症，包括：晕倒、意识丧失、呼吸骤停、围心跳骤停、气道异物梗阻、四肢和体表活动性出血、误服和中毒等。归纳为：出血、气道异物梗阻、围心跳骤停、中毒等四大类威胁生命的急危重症。

（二）技术范围

现场安全判断—自身防护、判断生命体征—报警—复苏体位、止血—包扎—固定—搬运—通气、徒手心肺复苏—AED、解除气道异物、催吐等。

（三）处置流程

“白金10分钟意外伤病流程”是由白金10分钟工作室专家团队根据白金10分钟实践定义和分类制定的实践操作流程。

四、白金10分钟自救互救体系

白金10分钟自救互救是国家应急管理建设的一个重要学派，完善补充了国家的应急管理建设。其中包括：

（一）急救专业理论体系

（1）白金10分钟意外伤病：全链条干预理论方案、时效

学概念和方法，白金10分钟概念，意外死亡的三级“围猝死—围心跳骤停—白金10分钟”中西医预防方案、心肺复苏的阴阳理论、时效研究（心跳恢复率、潜力、趋势的meta分析、公众方案等）、系统调查数据库（自救互救、围猝死评估、疫情中的你、发热门诊模式等）。

（2）白金10分钟心理应急和干预： 濒危状态的白金10分钟围心跳骤停心理学及干预方案和护理方案、接受自然死亡、器官移植生命再生等。

（3）白金10分钟卫生健康： 在传染病防治、生命全周期、健康全链条、公民健康素养、“体育—医疗—康复—养老”中的时效应急规律等。

（二）实践和文化体系

1. 白金10分钟应急、急救文化传播体系

（1）大众或志愿者白金10分钟自救互救宣教。

（2）国内：“急救白金10分钟全国自救互救日”“‘白金10分钟邻里守望’‘公共空间急救技术普及中国行’”。

（3）国际：“急救白金10分钟国际自救互救日”“‘白金10分钟邻里守望’‘公共空间急救技术普及世界行’”。

（4）传播口号：把握白金10分钟 创造生命奇迹；

把握白金10分钟 创造应急新奇迹。

2. 白金10分钟急救员培训体系：线上、线下结合

（1）白金10分钟急救员（初、中、高级）培训体系。

（2）白金10分钟培训师、考官、督导体系。

（3）志愿者、急救员、培训师、考官、督导轮训体系。

3. 白金10分钟专业培训和推广体系

（1）应急急救白金理论研讨会。

（2）白金10分钟理论与实践巡讲。

（3）“白金10分钟，黄金1小时”急救技术培训班。

4. 联合其他救援力量

联合其他救援力量共同完成灾害救援工作。

第三节 / 应急志愿者急救能力

一、基本应急能力

1. 大众应急能力

即大众面对意外伤病的自救互救能力。由伤病者本人或目击者在事发现场参与的救护行为，是一切救治的开始与基础、是急救链上一个独立初始环节。其时效性最佳、时效值最大，是不能被专业救治替代、比专业急救更重要的急救阶段，其优劣直接影响整体救治效果。

在进行自救互救时，必须遵循安全原则和时效原则。

（1）安全原则：即进行急救时首先要确定施救环境安全，才能进行施救。对所有的救援、救护、急救等过程都必须遵守这个原则。保护自己和伤病员，不要把自己置于危险境地。要学会六防：防范公共卫生安全包含防感染（防疫）、防触电、防溺水、防车祸、防爆炸、防中毒。

（2）时效原则：面对意外伤病等危及生命的情况，在抢救时间上存在时效窗，在时效窗内没有黄金（平台）时间，只有“尽早尽快、越快越好”的时效规律。对于围心跳骤停的急危重症伤病员，时效是挽救生命的第一因素，技术是第二位的因素。不正规的急救技术都可以成功挽救生命，电话指导未训练过的群众都可以挽救家人生命。无抢救的转运不异于“送死”，而等待只有失败。

2. 正确启动社会资源

即启动事故现场力量和常态应急力量，这是白金10分钟自救互救实践的重要内容，具体措施就是呼救。呼救技能是指在意外发生后，通过现场大声呼喊、扩音器广播、电话联系相关部门等，启动组织现场人员、启动常态化应急力量，进行系统组织救援的能力。

1）在发现意外的现场

要大声呼喊，引导现场人员加入自救互救。一般包括：根据现场人员多少，分派人力，协助抢救、取AED等急救器械、拨打120电话启动常态化应急系统、维持现场秩序、留取现场图片与视频及其他相关事项。

2）启动常态应急力量

正确拨打急救电话，启动常态化应急力量。关键内容包括：拨打急救电话时要确定对方身份，保持冷静，做到语言清晰、简明，尽可能详细地描述当时的情况。同时，加强对伤病员的观察，尽量缩短离开伤病员的时间。也可请他人帮助拨打急救电话。具体报告的信息有：

（1）确认身份：相互留下当前能联系的电话号码。

（2）位置：一定要详尽，告诉明显的标志更好。

（3）事件：发生什么事情、所需急救的人数。

（4）伤病情况：伤病员情况和已经给予的急救措施。

（5）其他信息：任何被询问的信息，确保医疗急救人员无任何疑问。

（6）择要答对：不清楚时，可以让120调度员询问，逐一回答。

（7）先打后挂：只能在调度员允许后才能挂断电话。

（8）迎接引路：挂断电话后，在住宅门口或交叉路口等候，引导救护车出入，疏通搬运病人的通道。

（9）准备：带好伤病员相关物品，如可疑药品或离断肢体、病人日常需要物品等。

二、基础急救能力

（一）判断生命体征

生命体征是指人体的意识、呼吸、脉搏、体温、血压、瞳孔光反射、瞬睫反射等。伤病发生后，人体生理和病理反应综合变化可以在生命体征、变化趋势和变化速度上体现出来，对其进行检测和动态分析，可用来评估人体的生命状态，判断人体伤病危急程度和发展速度，指导急救决策。通常在判断生命体征过程中，就可以决定是否呼救。

针对生命体征的变化趋势：在3~5分钟间隔，可以进行再次生命体征判断，继续三次，进行比较，分析趋势；再对变化速度进行判断，就可以判断出危重程度，即到心跳停止的最短时间。

（二）伤病员现场处置原则

（1）现场指挥：第一施救者应主动承担指挥者的责任，除非在现场发现更合适者，再明确将指挥权移交，并配合新指挥者调动团队施救。

镇定的心理与冷静的应对：施救者要不断提醒自己急救工作的重点所在。指挥者须边抢救边指挥，目的要确保现场志愿者的安全，安排好现场志愿者的力量，现场分工管理，在专业急救人员到达现场前不要离开，与后续救援力量进行详细交接。

（2）分类处置：有多人受伤时，要根据抢救力量，进行分类抢救并标识（红、黄、绿、黑）、集中观察，先重后轻，关注心理应激和支持。

（3）单个伤员：先救命后救伤，先止血后包扎，先重伤后轻伤，先稳定后转运，同时进行心理关怀，急救与呼救并重。

（三）现场的救护保护原则和技术

（1）自救互救的范围：是白金10分钟自救互救的核心内容。对意外伤病者，采取有效的救护措施，使伤病员脱离危险，避免或延长心跳骤停发生，等到120、110、119等常态专业力量到来。不需要涉及伤病员急救的所有内容。技术上不追求控制住“白金10分钟危象”以外的其他相关内容的完美。

（2）自救互救的目标：避免心跳停止；恢复心跳挽救生命；避免二次损伤、杜绝不安全的搬运；妥善制动、避免和减轻疼痛；提供人文关怀、精神鼓励和心理急救。同时做好辅助和衔接工作：帮助伤病员开展自救互救，协助和衔接专业人员进行抢救。

（3）白金10分钟自救互救的核心：三类时效生死问题，包括出血、气道异物梗阻、围心跳骤停，也称为“白金10分钟危象”。不论人身体哪个系统出现意外疾病，包括各种意外灾害导致的伤病，其危险状态发展到最后、最严重的表现，都可以归纳到“出血、气道异物梗阻、围心跳骤停”三类之一或共同出现。处置具体伤病的应急技能，就要先从如何识别和处置这三类问题开始，它是进一步学习急救、救护、救援、安全管理、应急建设的核心基础。

第四节

/

常用技术

一、心肺复苏理论和技能

心肺复苏是伤病员出现心跳骤停或在围心跳骤停期，急救员使用人工呼吸和循环支持，恢复伤病员自主心跳或避免心跳停止的操作技术。每延迟1分钟启动，成功率下降7%~10%，超过10分钟再开始抢救，成功机会很少。

北京白金10分钟时效应急技术研究院对心肺复苏效果评估后发现，经过培训的大众与专业人员在早期10分钟内的复苏效果是一样的。

现场时效计算方法：读1001、1002、1003、1004、1005，一组数为1秒，累计5秒。在现场判断时用。

（一）心肺复苏开始的时机

（1）在意识、呼吸、脉搏消失时，必须启动心肺复苏流程。具体表现为：①意识丧失；②呼吸停止（胸廓无起伏，口鼻腔无气体进出）；③大动脉搏动消失（桡动脉、颈动脉）。

（2）意识丧失，濒死样呼吸或无效呼吸时。

（3）病情恶化过程中，大动脉消失（足背动脉、桡动脉）。

有如下情况之一者，伤病员出现心脏停止，将不呼叫抢救，也不给予心肺复苏：

（1）伤病员之前有过“不复苏遗嘱”。

（2）选择并尊重自然死亡：以“伤病员的最佳利益”为处置目标。

（3）根据病情、法律及道德规则作出的不抢救决定。

（4）判定为抢救无望的意外伤病，在现有条件下无法抢救成功的情况。

（二）心肺复苏法的基本步骤（CPR操作步骤和流程）

1.先予以判断

（1）周围环境是否安全？（10~15秒）安全后，进入下一步。

（2）意识状态（5~10秒），呼喊，用声音刺激。拍打，用触觉刺激。双手轻拍病人双肩，问：“喂！你怎么了？”掐捏，用疼痛刺激。判断有意识障碍，即可呼救（图3-1）。

（3）检查呼吸（5~10秒），用耳朵靠近伤病员口鼻，用听、感觉气流；眼睛观察伤病员胸廓是否有起伏，或用开放气道手法后再观察胸廓（图3-2、图3-3）。

2.呼救、摆放体位

确定昏迷，立即呼救，仰卧位，置伤病员于坚硬的平面上，解开上衣，开始心肺复苏，胸外按压是最快介入的措施。

（1）C步胸外按压：先按压30次，后进入A步。

按压部位：于胸骨下端或两乳连线中点（图3-4）。

按压手法：双手叠扣，双臂伸直，与地面垂直（图3-5）。

按压深度：至5~6厘米。

按压频率：100~120次/分，相当2次/秒。

（2）A步开放气道：排除和清理口腔异物后开放气道，用压额提颏法（图3-6）。

（3）B步人工呼吸：一手捏住伤病员鼻子，用口-面膜-口、口对口，吹出平静呼吸的气量（500毫升左右）一次，持续1秒钟以上，直到胸廓抬起，松开伤病员口、鼻，等伤病员胸廓回弹呼气完成，再进行上述通气一次。

（4）C步-A步-B步循环操作。

先做5个周期，或2分钟后，检查脉搏是否恢复。

如果恢复或伤病员恢复意识（如有推开急救员的动作等），可停止胸外按压。

如果没有恢复，继续循环操作。

如有AED，针对成人要优先使用。

在心肺复苏中，AED到来后随时接入胸外按压过程中，并按CPR-D流程操作判断效果，进一步进行生命支持。

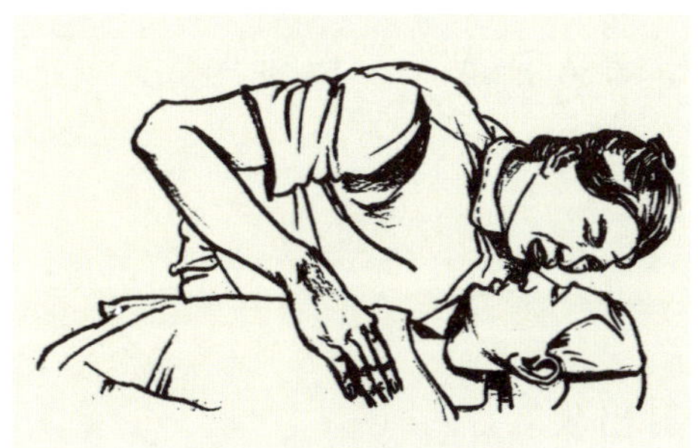

图3-1　判断意识

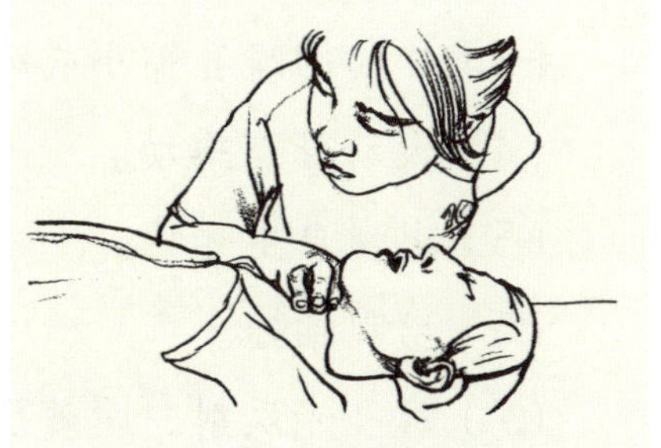

图3-2　判断循环与呼吸

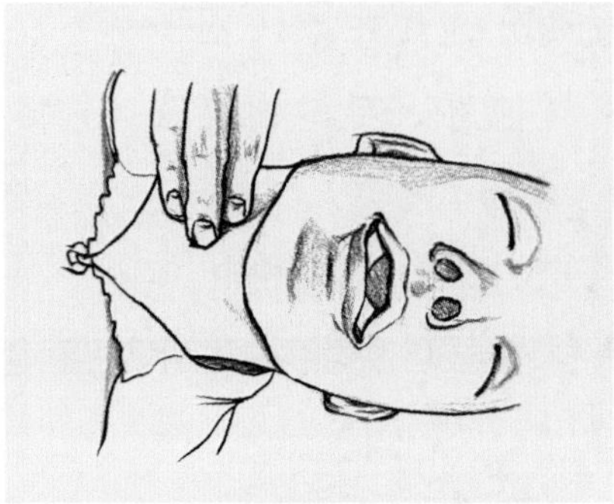

图3-3　触摸颈动脉搏动

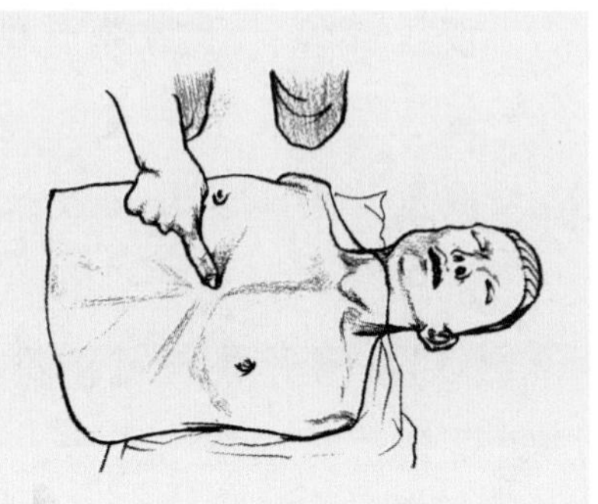

图3-4　按压位置

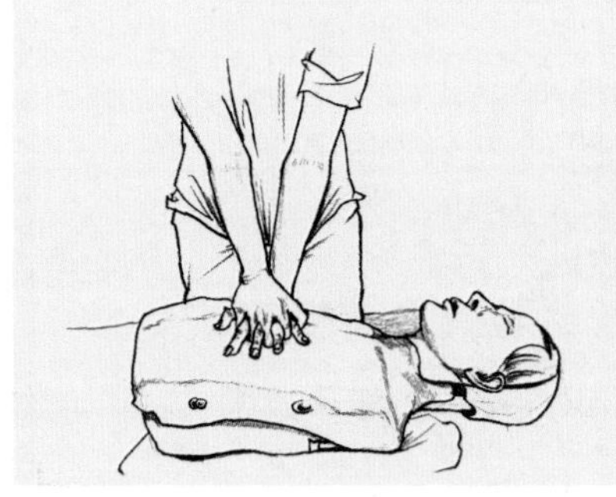

图3-5　垂直按压

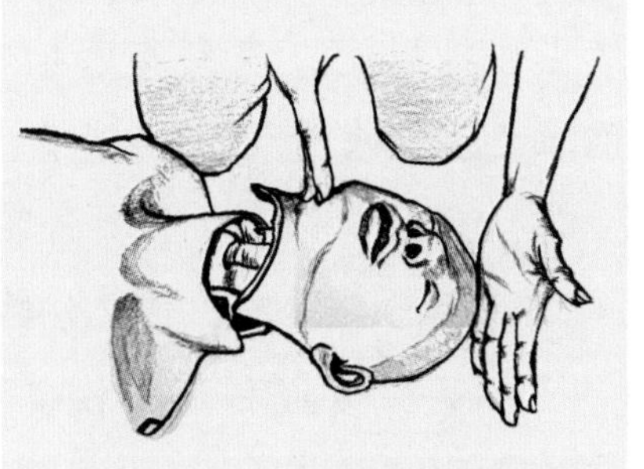

图3-6　压额提颏法

（三）心肺复苏有效的指征

（1）伤病员出现四肢动作。

（2）面色、口唇、指甲及皮肤色泽转红。

（3）扩大的瞳孔缩小或瞳孔没有扩大。

（4）大动脉有搏动。

（5）出现自主呼吸。

（6）出现抽搐。

（7）瞳孔光反射、瞬睫反射出现。

（8）神志逐渐恢复。

（四）停止心肺复苏的条件

（1）伤病员出现四肢动作后，立即停止按压，复查脉搏是否恢复。

（2）大动脉搏动恢复。

（3）长时间抢救复苏无任何效果。

（4）现场出现威胁急救员生命的情况。

（5）急救员已经疲劳崩溃。

（6）专业人员到来进行后续高级生命支持。

（五）各年龄组心肺复苏总结（心肺复苏方案）

各年龄组心肺复苏总结见表3-1。

表3-1　各年龄组心肺复苏总结

<table>
<tr><th colspan="2" rowspan="2">操作流程和步骤</th><th colspan="3">年　龄</th></tr>
<tr><th>成人
8岁以上或体型符合</th><th>儿童
1~7岁或体型符合</th><th>婴儿
出生至1周岁或体型符合</th></tr>
<tr><td colspan="2">安全原则</td><td colspan="3">现场安全、伤害因素可控</td></tr>
<tr><td rowspan="6">判断</td><td>意识</td><td>轻拍双肩、呼喊</td><td>轻拍双肩、呼喊</td><td>拍打足底</td></tr>
<tr><td>检查呼吸</td><td>确认没有或没有正常呼吸（叹息样呼吸）</td><td colspan="2">没有呼吸或只是叹息样呼吸</td></tr>
<tr><td rowspan="2">检查脉搏</td><td>检查桡动脉或颈动脉</td><td>检查桡动脉或颈动脉</td><td>检查肱动脉</td></tr>
<tr><td colspan="3">检查时间不超过10秒钟</td></tr>
<tr><td>综合结果</td><td colspan="3">意识、呼吸、脉搏消失，或意识消失＋无效呼吸，或意识消失＋桡动脉消失，开始胸外按压</td></tr>
<tr><td>CPR步骤</td><td>胸外按压－打开气道－通气（C-A-B）</td><td colspan="2">打开气道－通气－胸外按压（A-B-C），此步骤亦适用于淹溺者</td></tr>
</table>

表 3-1（续）

操作流程和步骤		年龄		
		成人 8 岁以上或体型符合	儿童 1~7 岁或体型符合	婴儿 出生至 1 周岁或体型符合
胸外	按压部位	胸部正中乳头连线中点（胸骨下端 1/2 处）		胸部正中乳头连线下方一指水平
胸外	按压方法	双手掌根重叠	单手掌根或双手掌根重叠	中指、无名指（两指）或双手环抱双拇指按压
胸外	按压深度	5~6 厘米	达到 1/3 胸廓前后径	达到 1/3 胸廓前后径
胸外	按压频率	100~120 次 / 分钟		
胸外	胸廓反弹	每次按压后即完全放松，使胸壁充分恢复原状		
胸外	按压中断	避免中断胸外按压，每次检查、换人中断的时间控制在 10 秒以内		
胸外	按压分数	按压时间占心肺复苏全过程要大于 80%		
人工呼吸	开放气道	头后仰呈 90°	头后仰呈 60°	头后仰呈 30°
人工呼吸	吹气方式	口对口、口对鼻、口对面罩		口包口鼻、口对面罩
人工呼吸	吹气量	500 毫升左右，胸廓隆起		
人工呼吸	吹气时间	吹气持续 1 秒钟		
按压/吹气比	插管前 单人	30:2，每 5 个循环或 2 分钟检查 1 次脉搏		
按压/吹气比	插管前 双人	30:2，每 5 个循环或 2 分钟检查 1 次脉搏		
按压/吹气比	插管后	不需要按循环配合，持续按压 100~120 次 / 分钟，吹气 8~10 次 / 分钟（6~8 秒吹气 1 次）		
P-CPR-D		成人：优选 AED，在 CPR 中随时插入 AED		

二、解除气道异物梗阻的手法

气道异物梗阻是指体外异物或体内分泌物堵塞在呼吸道内，导致空气无法进入肺部进行换气和通气，影响正常呼吸，严重者4~6分钟内即可导致窒息死亡。易发生于各个年龄段人群，以儿童尤其是3岁以下儿童、成人尤其是老年人多。

（一）气道异物的表现

异物引起：强烈的刺激性咳嗽，引起喉痉挛，有窒息感，面色发青，明显呼吸困难，皮肤黏膜发绀，咳嗽的间隙出现喘息听到高调呼吸音。

不全梗阻：呼吸短促、费力、喘鸣，焦虑，面色苍白、多汗、身体向前倾斜，头颈前伸，可能伴有发音困难、吞咽困难、阵发性剧咳等症状。

完全梗阻：伤病员不能说话、咳嗽、呼吸，可能会指着喉咙或抓着颈部。小儿不能哭出声。口唇面部充血、青紫，发展快，可出现三凹征，严重者逐渐筋疲力尽，意识丧失，直至呼吸停止，心脏停搏。

（二）解除气道异物的手法

有背部叩击、上腹部冲击（Heimlich医生发明的海氏手法，它与“腹部冲击法”是一件事）、胸部冲击等。这些方法的原理都是，利用冲击伤病员胸、背、腹部及膈肌下软组织，产生压力，提高胸腔压力，驱使肺部残留气体形成一股气流，将梗阻在气管、咽喉部的异物从气道内驱出。每次冲击的猛推动作是顿击式的。

1.成人自救

1）成人气道异物急救适用情形（3岁以上或体型大者）

伤病员清醒或能站立时。

2）成人自救方式

如果没有其他人在场，自救方法可采用上述上腹部冲击方法，或将上腹部顶在椅子背、桌子边、床沿上，向下挤压，直到将异物冲出。

3）成人互救方式

（1）背部叩击：伤病员前倾，可以鼓励用力咳嗽，急救员左臂横挡在伤病员上腹部，右手空心拳用力叩击在其背部肩胛骨中间5次左右，无效再重复，或改为下述上腹部冲击法。

（2）上腹部冲击法：站在伤病员背后，双臂环绕至伤病员上腹部，一手握空心拳，拇指侧放在伤病员肚脐与剑突之间，另一手重叠在握拳的手上，呈双手握拳（图3–7、图3–8）。然

图3–7　上腹部冲击法位置

图3–8　上腹部冲击法手势

后，快速向内向上，45° 角冲击5~10次，让伤病员弯腰、低头、张嘴，以利于异物排出。反复上述步骤，直到将异物冲出。

（3）伤病员意识不清、窒息昏迷、不能站立时将伤病员平放在坚固平坦地上，做下一步：急救员骑跨在伤病员大腿两侧，两手重叠，上臂伸直，掌根置于上腹部，向上45° 角冲击5~10次，反复操作，至异物排出，或见到有效通气（图3-9、图3-10）。

（4）如病人怀孕或过度肥胖，则实施卧位胸部冲击法，冲击部位在胸部。

2. 特殊人群气道异物急救

1）儿童气道异物急救（1~3岁或体型小者）

方法同成人，使用的力量有所调整。

儿童救治与成人方法相同，或者让儿童趴在大人腿上，用腿顶住儿童的腹部，头低位。用手掌根向前向下叩击儿童背部（两肩胛骨之间）5~10次，反复这个动作，直到异物脱出。

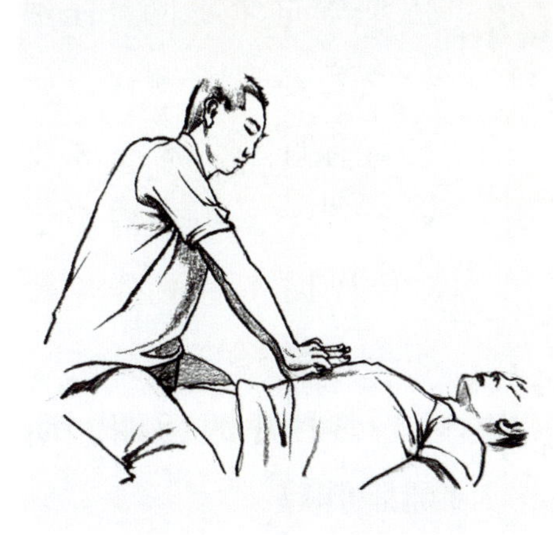

图3-9　急救员姿势

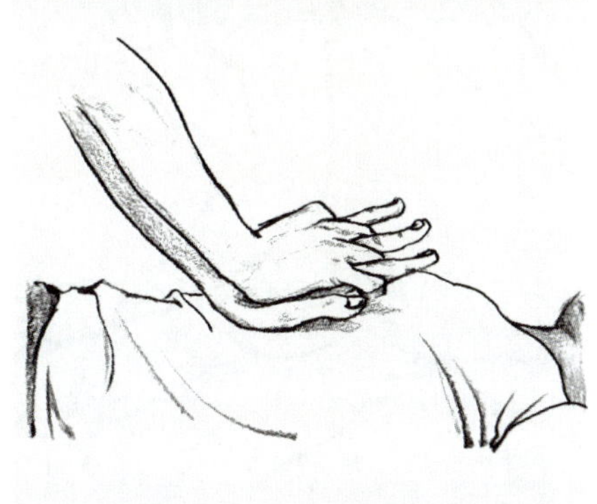

图3-10　急救位置与手势

2）婴儿气道异物阻塞（1岁以下）

使用胸部冲击法和背部叩击法。

先将婴儿身体骑跨在急救员一侧前臂上（仰卧位），头低脚高。然后将婴儿身体翻成俯卧位，骑跨在另一侧前臂上，用掌根向前向下叩击婴儿两肩胛之间5次，再将婴儿翻过来，用两个手指按压婴儿两乳头连线中点下一横指处5次。轮换反复上述动作，直到异物排出。

婴儿背部叩击法和胸部冲击法交替实施的步骤：

第一步：打开气道，掏取可见且能够取出的异物。如无效，进行第二步。

第二步：背部叩击法。①婴儿俯卧位，面朝下，骑跨在急救员的前臂上，支持住头颈部，使之低于躯干，实施者前臂支在大腿上稳住婴儿；②用单手掌根部在婴儿背部双肩胛骨之间叩击5次；③重复第一步，如无效，进行第三步。

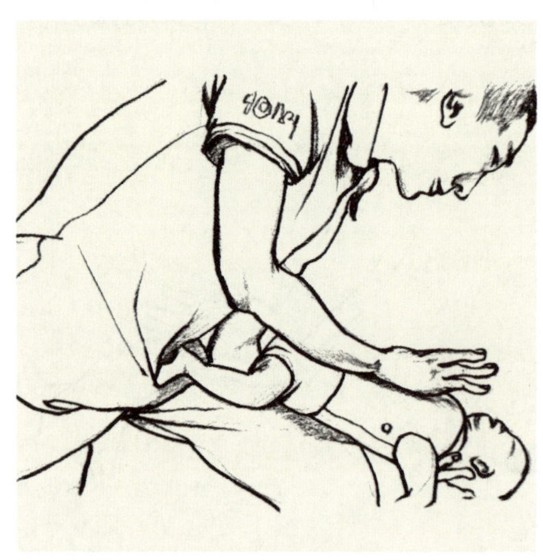

图3-11　仰卧位

第三步：胸部冲击法。婴儿仰卧位，仔细地托住婴儿头颈部，旋转成仰卧位，放在施救者大腿上，头低脚高位（图3-11）；或在背部叩击（图3-12）。

3）妊娠后期、明显肥胖等

胸部冲击法：此法

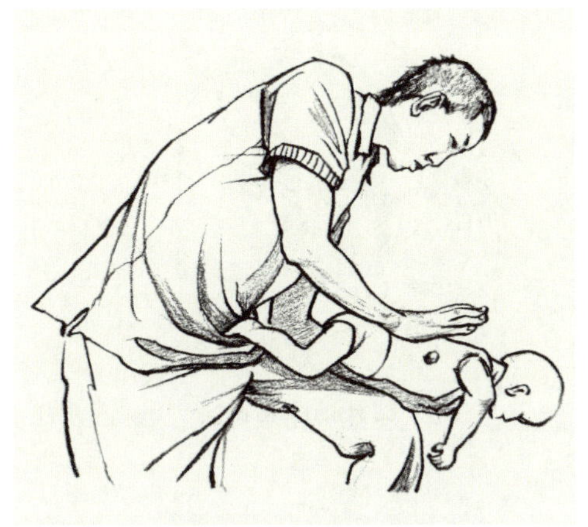
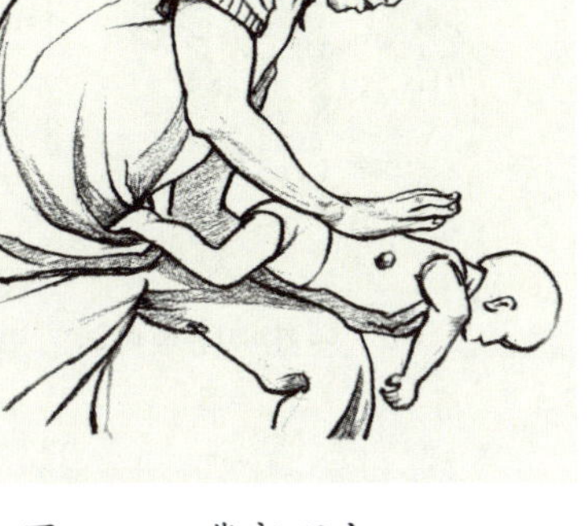

图3-12 背部叩击

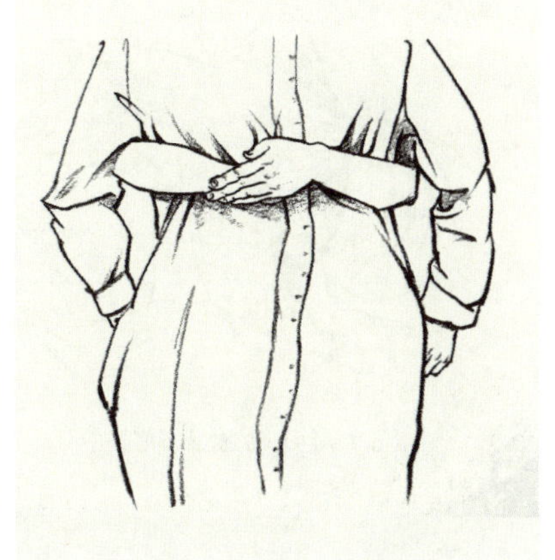

图3-13 妊娠后期、明显肥胖者采用胸部叩击

适用于妊娠后期、明显肥胖等，不便使用腹部冲击法的伤病员。其需实施立位胸部胸骨冲击法（图3-13）。

抢救过程中，伤病员出现呼吸心跳骤停时，立即进行心肺复苏（CPR-D）。

三、徒手四肢止血方法

徒手四肢止血方法是快速有效挽救生命的技术，但它是临时技术，必须跟进后续措施。

1. 徒手压迫止血

徒手压迫止血是适用于暴露部位的止血方法。在出血伤口近侧，根据动脉走行的方向、部位，用手指、手掌或拳头将动脉压在骨骼上，达到止血或减少出血的目的。紧急时可隔着衣服压迫。根据不同的出血部位采用不同的压迫止血法（图3-14）。

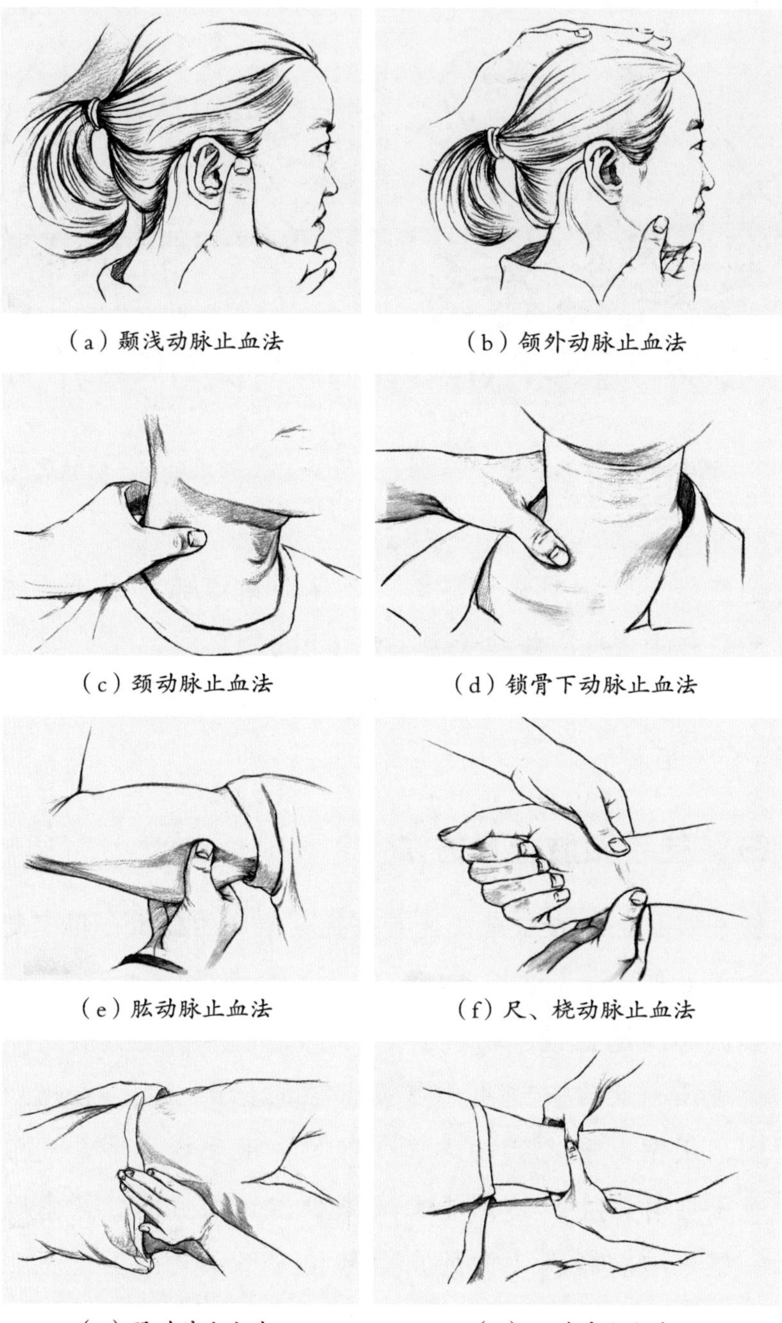

（a）颞浅动脉止血法　（b）颌外动脉止血法

（c）颈动脉止血法　（d）锁骨下动脉止血法

（e）肱动脉止血法　（f）尺、桡动脉止血法

（g）股动脉止血法　（h）腘动脉止血法

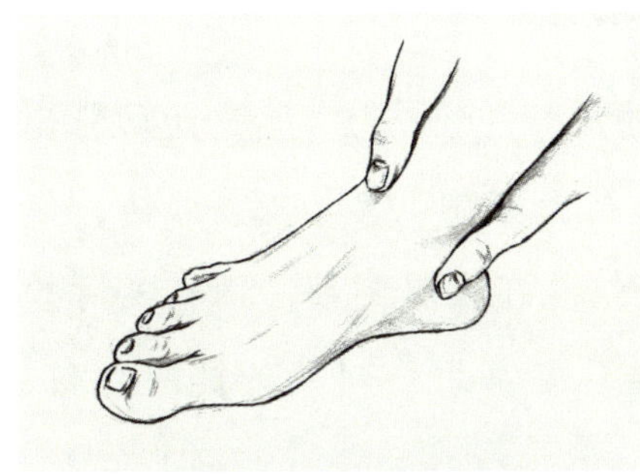

（i）足背动脉与胫后动脉止血法

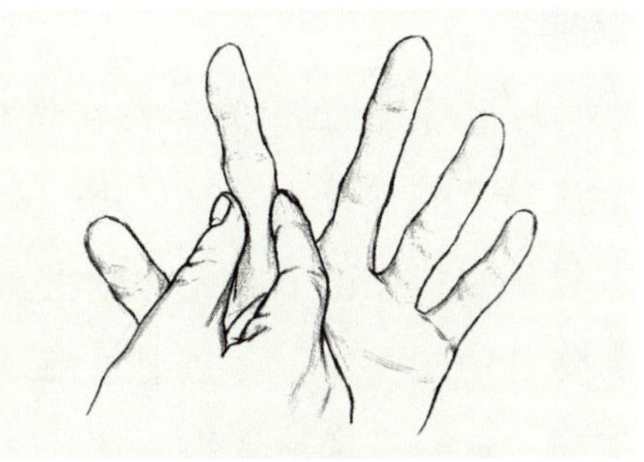

（j）指动脉止血法

图 3-14　不同部位的止血方法

2. 加压包扎

加压包扎适用于身体多部位，无明显动脉性出血，在出血伤口上放置厚敷料，用绷带加压包扎。压力以能止住出血，又不影响伤肢的血液循环为合适。一般四肢的动、静脉出血，如能应用加压包扎止住出血者，尽量采用加压包扎，而不采用止血带止血。

3. 止血带止血

止血带止血适用于最严重的动脉出血，是现场有效的止血方法，使用方法必须正确。使用止血带时，应绑在四肢出血伤口的上方，以能止住出血为度。事先应将患肢抬高，局部垫上毛巾或其他软织物，以防组织擦、压伤。由于应用止血带，结扎部位下方组织血液供应中断，时间过久易致组织缺血、坏死，致使伤员失去肢体；严重者可引起肾功能衰竭，导致死亡。

1）使用方法

（1）止血带不能直接结扎在皮肤上，应先用三角巾、毛巾等做成平整的衬垫缠绕在要结扎止血带的部位，然后再上止血带。

（2）扎止血带的部位在伤口的近端（上方）。上肢大动脉出血应结扎在上臂的上1/3处，避免结扎在中1/3处以下部位，以免损伤桡神经；下肢大动脉出血应结扎在大腿中部。而在实际抢救伤员的工作中，往往把止血带结扎在靠近伤口处的健康部位，有利于最大限度地保存肢体。

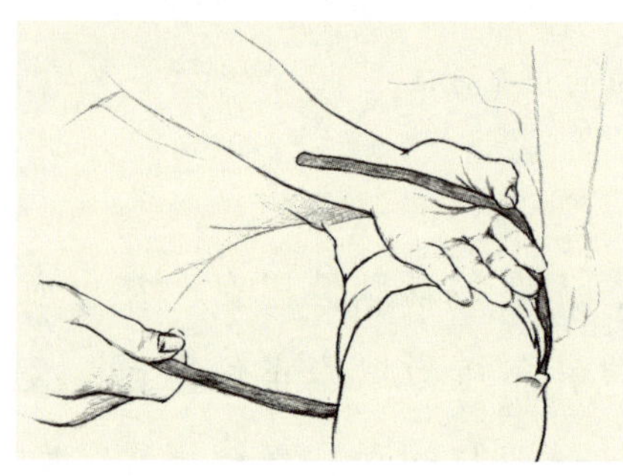

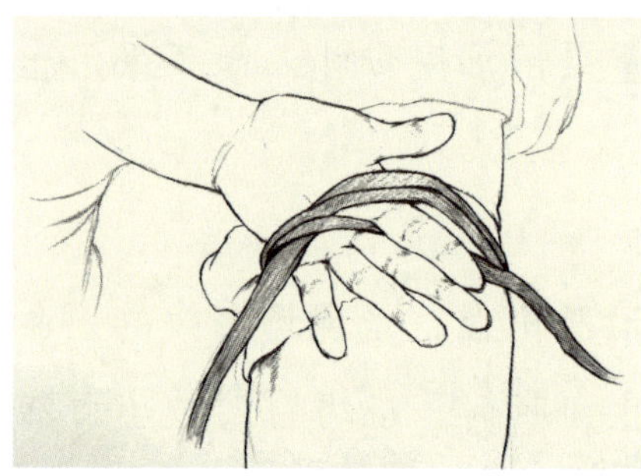

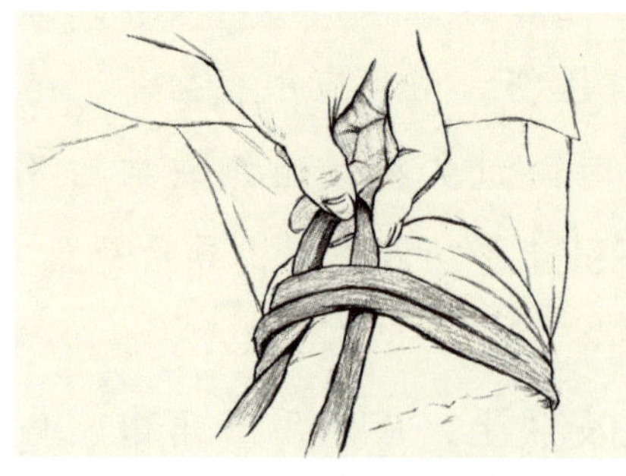

图3-15　止血带使用方法

（3）结扎止血带要松紧适度，以停止出血或远端动脉搏动消失为度。结扎过紧，可损伤受压局部；结扎过松，达不到止血目的。

（4）为防止远端肢体缺血坏死，应尽量缩短使用止血带的时间：一般止血带的使用时间不宜超过2~3小时，每隔30~60分钟松解一次。松解止血带的同时，仍应用压迫止血法辅助，以防再度出血。止血带松解1~3分钟后，在比原来结扎部位稍低平面重新结扎。松解时，如仍有大出血者或远端肢体已无保留可能，在转运途中可不必再松解止血带（图3-15、图3-16）。

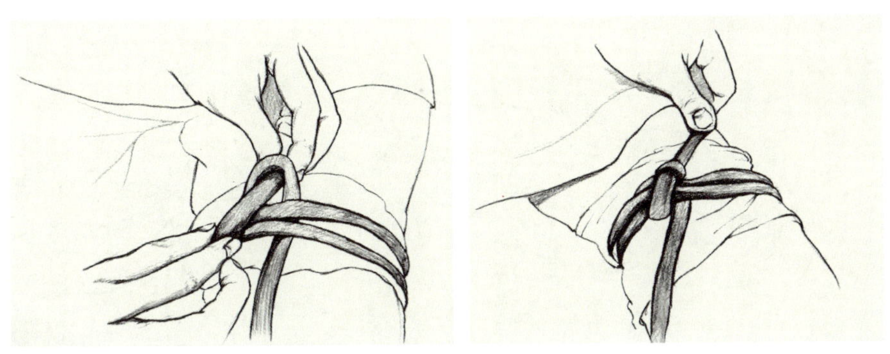

图 3-16　橡皮止血带止血法

（5）如组织已发生明显广泛坏死时，在截肢前不宜松解止血带。

（6）结扎好止血带后，在明显部位加上标记，注明结扎止血带的时间，尽快运往医院。

2）使用止血带注意事项

（1）上止血带的部位：上肢出血扎在上臂的上1/3处（中1/3处容易损伤桡神经），下肢出血扎在大腿中、上1/3交界处。

（2）止血带的压力：以压住动脉为宜，以摸不到远端动脉搏动和伤口出血停止即可。如压力不足仅压住静脉，出血可加剧；压力过高，则可压迫神经及其他组织造成损伤。

（3）上止血带的时间：原则上应尽量缩短，一般30~60分钟便应放松1~3分钟，以防肢体缺血过久坏死。放松止血带时要在伤口处加压，防止松止血带后引起猛烈出血，如出血剧烈，立即将止血带再扎紧。

（4）上止血带的标识：上止血带后，一定要有明显醒目的标识，写清上止血带时间，提醒转运中交接、送到医院后及

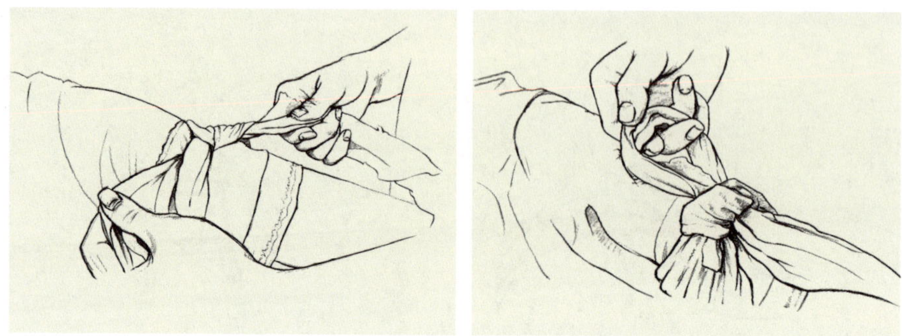

图 3-17　布带捆绑止血带时使用绞紧法

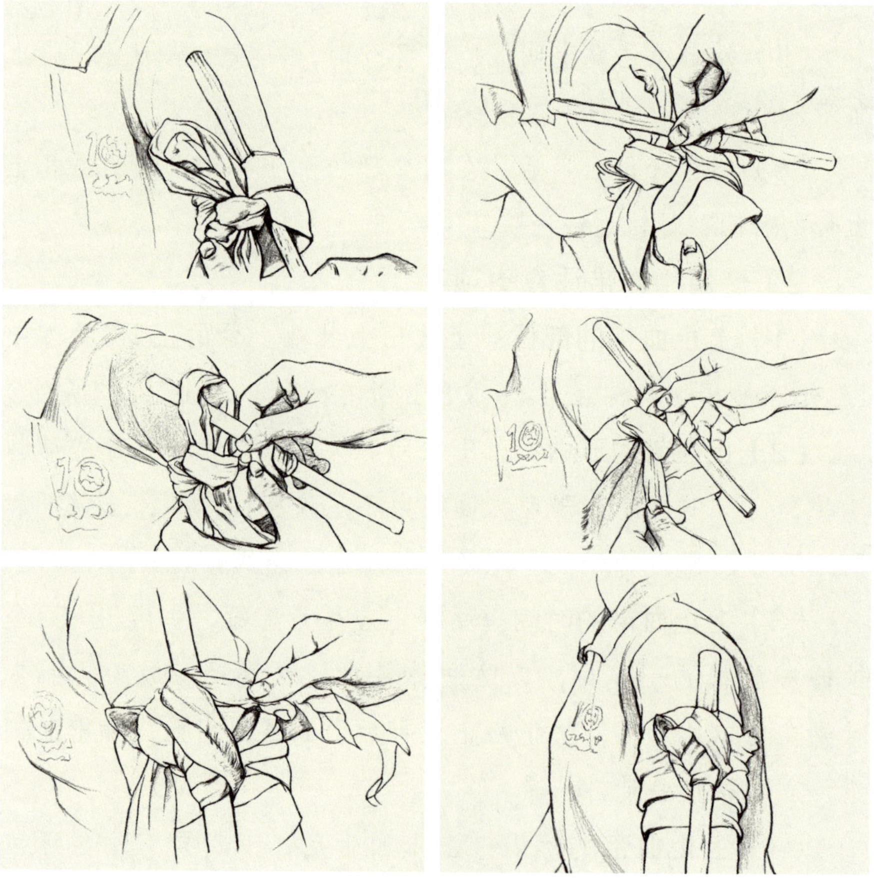

图 3-18　布带绞紧止血法

时放松等。若用布带捆绑止血带，要使用绞紧方法（图3-17、图3-18）。

四、AED的使用原则和方法

在成人围猝死事件中，发生率最高，发生速度最快、最致命的是心源性恶性心律失常，即指心室颤动（或心室扑动）、无脉性室性心动过速。

尽早利用自动体外除颤器（Automated External Defi-brillator，AED）对围猝死者进行除颤和心肺复苏，是防止这类猝死最有效的办法。

自动体外除颤器（AED）是专门为非专业人员设计并为公众配备，用于抢救心脏骤停患者的一种便携式医疗设备。它具有智能诊断特定心律失常，通过人机对话完成电击除颤治疗作用。

1. 使用时机

（1）成人突然发生意识丧失＋无效呼吸、突然脉搏触不到或触不清。

（2）进行CPR时，果断寻找AED加入心肺复苏流程中。

（3）成人心肺复苏，努力按“CPR-D流程”抢救。

2. 操作步骤

（1）开启AED（打开盖子），依据视觉和声音的提示操作。

（2）给患者贴电极，在患者胸部适当位置上紧密地贴上电极。两块电极板分别贴在右胸上部和左胸乳头外侧，具体位置可见AED机壳上的图示说明（图3-19）。

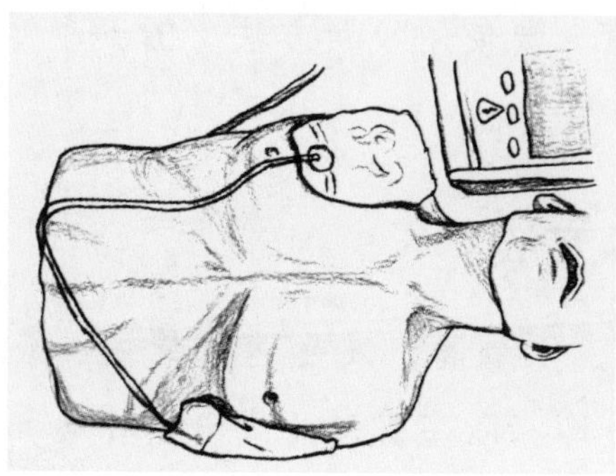

图3-19 粘贴电极片

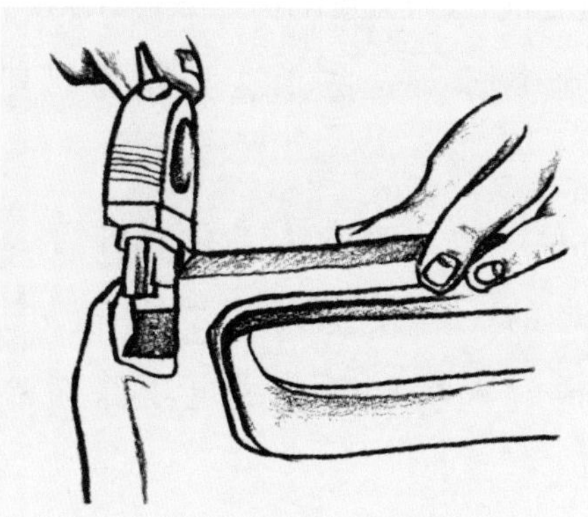

图3-20 电极插入除颤仪

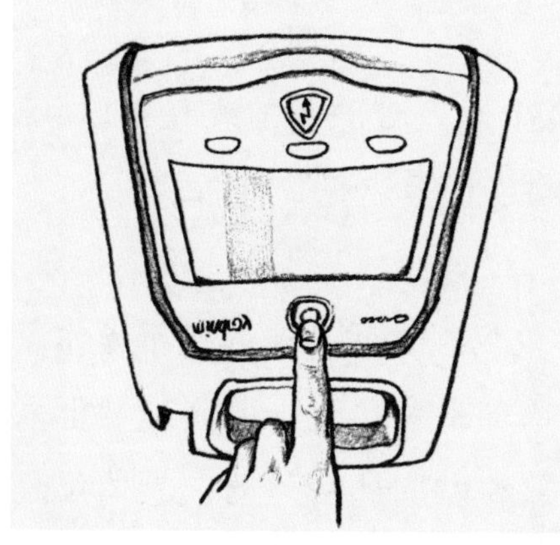

图3-21 按下“放电”键除颤

（3）将电极板插头插入AED主机插孔（图3-20）。

（4）开始分析心律，根据指令除颤：在插入电极板后自动开始分析心律过程中，请不要接触患者，减少对AED干扰，AED分析完毕，将会发出是否进行除颤的指令，当有除颤指令时，不要与患者接触，同时告诉并确认附近的人脱离患者，再按下“放电”键除颤（图3-21）。

（5）除颤结束后，AED会再次分析心律，如未恢复有效心律，急救员应进行5个周期CPR，然后再次分析心律，除颤，CPR，反复至专业人员到来（图3-22）。

3. 心肺复苏+AED流程（CPR–D）

即在心肺复苏操作流程下，加入AED。

（1）目击下，有AED，首先迅速除颤，不成功时，立即徒手CPR。

（2）目击下，无AED，先进行徒手心肺复苏。

（3）心肺复苏2分钟后，放置AED；或CPR过程中，AED到来，随时插入操作过程中。

（4）按AED操作流程进行。

（5）提示除颤时，迅速除颤，然后立即胸外按压，及时检查脉搏恢复情况。

（6）提示心肺复苏、回到徒手心肺复苏，2分钟或5个循环周期后，可分析心律。

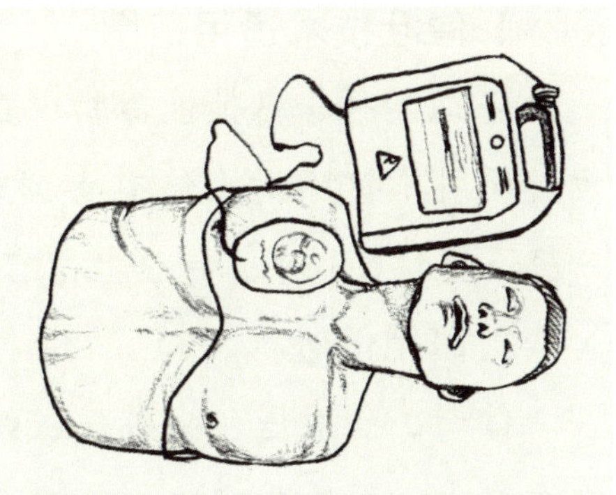

（a）分析心律

（b）提示除颤

（c）提示按压

图3–22　除颤操作

五、误服时的催吐技术

误服：指各种原因经口误服沐浴露、消毒液、洗涤剂、假酒、过量安眠药等进入胃肠道。催吐：通过使伤病员产生呕吐，把误服物品排出来，避免毒物经消化道吸收引起中毒的方法。

1.催吐技术适用范围

经口误服非腐蚀性毒物中毒；判定误服有毒、不卫生的东西；误用不排除对人体有毒的东西；服毒时间短，越早越好，一般不超过6小时；专业上，有些超过6小时也要做。

2.慎用催吐

体弱、高血压、心脏病、妊娠者、胰腺炎、胆道疾病者应慎用催吐；石油蒸馏物如汽油、煤油、柴油等中毒，催吐时如误吸入肺可导致肺炎。

3.催吐准备

（1）病人清醒、生命体征稳定并且配合，没有严重心血管疾病或消化道疾病。

（2）符合催吐条件：综合分析误服的剂型、浓度、量、中毒时间、途径、是否曾经呕吐过等。

（3）做好催吐操作的解释，催吐过程及可能会出现的不适；告知催吐的优点及可能出现的并发症，取得合作。

（4）操作过程中不顺利，要及时停止。

（5）出现意外，要有预案。

4.禁忌证

昏迷、惊厥、肺水肿、休克；服腐蚀性毒物，催吐可引起消化道出血、穿孔；原有主动脉瘤、食道静脉曲张、溃疡病出血等。

5.催吐操作方法

（1）饮水利于催吐：成人，可以饮用温水300~500毫升，儿童200毫升左右。

（2）催吐过程：①前倾稳定体位；②用食指、匙柄、压舌板、筷子等钝物刺激咽后壁，引起反射性呕吐；③呕吐过程中，每次确保口腔排净，再吸气；④可间断饮用温水300~500毫升，直至呕吐干净。

第五节 / 其他救护技术

一、突发急症的应急处置

（一）胸痛

胸痛是指胸部范围内的疼痛感受，是一种常见有时又是危及生命的症状，主要由胸部疾病所致。胸痛的程度因个体痛阈的差异而不同，与疾病轻重程度不完全一致。

1.常见表现

胸痛的表现差异非常大，其中心血管疾病引发的胸痛是危险度最高的事件，其典型的表现常为压榨性闷痛，持续时间大于20分钟，伴有大汗等濒死感。不典型的表现差异很大，常常被忽略酿成恶果，只能提高警惕并谨慎应对。

2.常见原因

心血管疾病（心绞痛、急性心肌梗死、心肌炎、主动脉瘤、夹层动脉瘤、肺栓塞等）、呼吸系统疾病、胸壁疾病、纵隔疾病以及肝脾疾病等。

3.现场处置

评估现场安全→判断生命体征→立即呼救报警→护理和心

理支持。

（1）镇定处置：安慰病人，围绕处置简短沟通。

（2）明确病史者：病人的病史明确，通过正确沟通，可给予事先准备的药物口服。

（3）如果出现白金10分钟危象，按前述流程和技术进行现场抢救。

（4）配合120到医院进一步诊治。

（二）偏瘫

偏瘫又叫半身不遂，是指同一侧上下肢、面肌和舌肌下部的运动障碍，是急性脑血管病的常见症状。轻度偏瘫病人虽然尚能活动，但走起路来往往上肢屈曲、下肢伸直，瘫痪的下肢走一步划半个圈，这种特殊的走路姿势叫作偏瘫步态。严重者常卧床不起，丧失生活能力。

1. 常见表现

急性偏瘫是脑血管病急症，表现为一侧肢体运动障碍、头痛、呕吐、抽搐、意识障碍等。

2. 常见原因

循环疾病（动脉粥样硬化、高血压、脑血管异常、脑出血、心脏病等）、脑部损伤、代谢疾病等。

3. 现场处置

评估现场安全→判断生命体征→立即呼救报警→护理和心理支持。

（1）镇定处置：安慰病人，围绕处置简短沟通。

（2）给予稳定的体位，保护患者不发生二次损伤（如不摔伤）。

（3）保持呼吸道通畅，同时给予适度心理精神安慰。

（4）如果出现白金10分钟危象，应给予相应处置。

（5）等待专业急救或稳定后送往医院进一步诊治。

（三）癫痫（抽搐）

抽搐属于不随意运动，是指全身或局部成群骨骼肌非自主的抽动或强烈收缩，常可引起关节运动和强直。有时常常把重症癫痫与呼吸心跳骤停混淆，出现处置上的误差。

1.常见表现

（1）全身性抽搐：以全身骨骼肌痉挛为主要表现，多伴有意识丧失。

（2）癫痫大发作：表现为病人突然意识模糊或丧失，全身强直、呼吸暂停，继而四肢发生阵挛性抽搐，呼吸不规则，大小便失禁、发绀，发作约半分钟自行停止，也可反复发作或呈持续状态。

（3）癔症性发作：以身体某一局部连续性肌肉收缩为主要表现，大多见于口角、眼睑、手足等。

2.常见原因

感染性疾病（脑炎、脑膜炎、脑脓肿、脑结核瘤）、外伤（产伤、颅脑外伤等）、血管疾病（脑出血、高血压脑病、脑栓塞、脑缺氧等）、全身性疾病（急性胃肠炎、中毒型菌痢、链球菌败血症、中耳炎、百日咳、狂犬病、破伤风等）、中毒、低血糖、低钙及低镁血症，还可见于热射病、溺水、窒息、触电、癔症性抽搐、惊厥等。

3.现场处置

评估现场安全→判断生命体征→立即呼救报警→护理和心理支持。

（1）防止摔倒出现二次损伤。

（2）防止气道窒息，可清除口腔分泌物及食物残渣，但不是常规的、必须的动作。

（3）如果出现白金10分钟危象，应给予相应处置，一定要检查脉搏后，再决定是否需要胸外按压。

（4）等待专业急救或稳定后送往医院进一步诊治。病史明确者，可给予药物口服。有条件可给予吸氧。

（四）低血糖

低血糖症是一组多种病因引起的以静脉血浆葡萄糖（简称血糖）浓度过低，临床上以交感神经兴奋和脑细胞缺氧为主要特点的综合征。

1.常见表现

心悸、震颤、出汗、饥饿感、心率及血压上升、行为异常、头痛、癫痫、意识障碍、昏迷等。

2.常见原因

糖尿病者饮食习惯改变、热量摄入不足、降糖治疗过度；非糖尿病者空腹劳动出现低血糖，餐后低血糖（反应性低血糖）。

3. 现场处置

评估现场安全→判断生命体征→立即呼救报警→护理和心理支持。

（1）意识清楚者沟通证实表现后，可给予口服含糖的果汁、糖块等，寻找并解除低血糖原因。

（2）神志不清者要防止摔倒出现二次损伤，避免呼吸道窒息。

（3）如果出现白金10分钟危象，应给予相应处置。

（4）等待专业急救或稳定后送往医院进一步诊治。

（五）晕厥

晕厥是各种原因导致一过性脑供血不足引起的意识障碍伴肌张力丧失。发作时瞬间摔倒。

1. 常见表现

典型发作分为前、中、后三期。

（1）晕厥前期：面色苍白、恶心、出汗、头晕、黑蒙、耳鸣，通常不到10秒。

（2）晕厥期：意识及肌张力丧失，可倒地，大多血压下降，血压下降过低并持续10~20秒，可发生抽搐。

（3）晕厥后期：病人常常可以自行恢复，包括完整的意识、对答功能和肢体运动等。但软弱无力，不愿讲话或活动，可遗留头痛等不适。经过适当休息可恢复正常。

2. 常见原因

直立位低血压、一次性大量排尿或连续咳嗽、心源性脑缺血（严重的快速或慢速心律失常、心脏停搏）、脑血管疾病（脑出血、高血压脑病、脑栓塞、脑缺氧）、低血糖、重度贫血及过度换气等。

3. 现场处置

评估现场安全→判断生命体征→立即呼救报警→护理和心理支持。

（1）及时给予稳定的体位，防止摔伤；可给平卧体位，注意保温和保护隐私。

（2）快速寻找原因，停用引起晕厥的相关药物。

（3）如果出现白金10分钟危象，应给予相应处置。

（4）等待专业急救或稳定后送往医院进一步诊治。

（六）过敏

过敏又称变态反应，是人体的免疫系统对一些无害物质，如花粉、动物皮毛、药物等，进行攻击和消灭的一种过度反应。通常会引起皮肤红肿、眼部肿胀、恶心、呼吸困难等全身症状。

1. 常见表现

（1）皮肤黏膜症状： 荨麻疹、潮红、瘙痒、口咽肿胀或血管性水肿。

（2）呼吸系统症状： 喷嚏、鼻塞、咳嗽、支气管痉挛、呼吸困难和低氧血症。

（3）消化系统症状： 恶心、呕吐、腹痛或痉挛以及腹泻。

（4）循环系统症状： 心动过速、心律失常、头晕、晕厥、胸痛和低血压。

（5）神经系统症状：头晕目眩，混乱。

2.常见原因

食物（花生、坚果类、牛奶、鸡蛋、鱼和甲壳类动物等）、吸入物（花粉、屋尘、螨等）、微生物（霉菌、细菌等）以及昆虫毒素、药物（如青霉素、磺胺等）、异种血清和物理因素等。

3.现场处置

评估现场安全→判断生命体征→立即呼救报警→护理和心理支持。

（1）迅速脱离过敏原：停止接触一切可能引起患者过敏的药物或者物品。

（2）症状较轻者（以皮疹、瘙痒为主），可常规给予抗组胺药物（如息斯敏、扑尔敏等），送往医院进一步诊治。

（3）症状较重者（皮疹广泛、瘙痒剧烈、喉头水肿、过敏性休克），在给予药物基础上，立即送往医院。

（4）呼救后，密切观察变化，直到120到来。出现白金10分钟危象，应给予相应处置。

（七）休克

休克是由于各种原因导致全身有效循环血量明显下降，引起组织器官灌注量急剧减少，导致组织细胞缺氧及器官功能障碍的危重的病理生理过程。

1.常见表现

（1）休克早期：精神紧张或烦躁不安、焦虑易激动，神志清醒，面色和皮肤苍白，肢体湿冷、出冷汗，心率加快，收缩压正常或低于90毫米汞柱、尿量减少。

（2）休克中期：表情淡漠，反应迟钝，意识模糊或昏迷，皮肤湿冷，肢端发紫和冰冷，脉搏细速，毛细血管充盈时间延长，收缩压降至80毫米汞柱以下，脉压差小于20毫米汞柱，尿量小于20毫升/时甚至无尿。

（3）休克晚期：出现昏迷，生命体征进一步恶化。出现皮肤、黏膜和内脏出血，以及出现心、肺、脑、肝、肾和胃肠道等功能衰竭的临床征象，伴随死亡。

2. 常见原因

大出血、严重感染、过敏、心肌梗死、心律失常、肺栓塞、未缓解的严重窒息等。

3. 现场处置

评估现场安全→判断生命体征→立即呼救报警→护理和心理支持。

（1）根据不同情况可给予病人半卧、平卧、头低足高位。减少非必要的搬动。

（2）注意保暖、有条件可吸氧。消化道无损伤的清醒者可予口服补液。

（3）出现白金10分钟危象，应给予相应处置。

（4）等待专业急救或稳定后送往医院进一步诊治。

二、意外损伤的应急处置

（一）高温损伤

高温损伤即中暑，是指在温度或湿度较高、不透风的环境下，因体温调节中枢功能障碍或汗腺功能衰竭，以及水、电解质丢失过多，从而发生的以中枢神经和（或）心血管功能障碍为主要表现的急性疾病。

1.常见表现

（1）先兆中暑：暴露于高温环境时，出现大汗、四肢无力、头晕、口渴、头痛、注意力不集中、眼花、耳鸣、动作不协调等伴或不伴体温升高。

（2）轻度中暑：先兆中暑症状继续加重，体温上升到38℃以上，并且出现皮肤灼热、面色潮红或脱水（如四肢湿冷、面色苍白、血压下降、脉搏增快等）症状。

（3）重度中暑：包括热痉挛、热衰竭和热射病三种类型。

热痉挛：表现为在高温环境下进行训练时，训练过程中或训练后出现短暂性、间歇发作的肌肉抽动，一般持续时间在3分钟左右。

热衰竭：患者出现以血容量不足为特征的一组临床综合征，表现为多汗、疲劳、乏力、眩晕、头痛、判断力下降、恶心和呕吐等。

热射病：表现为高热、体温超过40℃、意识障碍。可出现无汗皮肤干燥、灼热、谵妄、昏迷、抽搐、呼吸急促、心动过速、瞳孔缩小、脑膜刺激征等表现，还可出现休克、心力衰竭、脑水肿、急性呼吸窘迫、急性肾损伤、弥漫性血管内凝血（DIC）、多器官功能衰竭（MOF）甚至死亡，死亡率在40%~60%。

2.常见原因

（1）机体自身热量产生增加：某些人群（强体力劳动、运动或者进行军事训练的人群）；疾病（寒战或者高热惊厥）。

（2）散热障碍：出汗减少（皮肤烧伤瘢痕部位、汗腺缺乏症）；中枢神经系统或者心血管功能下降（饮酒者、老年人、心功能障碍）；影响出汗的药物（抗胆碱能药、抗组胺药）；其他因素（肥胖、衣服不透气）。

（3）周围环境温度上升湿度增加：影响人体产热与散热。

3.现场处置

评估现场安全→判断生命体征→立即呼救报警→护理和心理支持。

（1）脱离高温环境，将病人移至阴凉通风处，补充含盐清凉饮料，物理降温等。

（2）对待热射病，必须立即现场降温，达到每小时降1℃，迅速把中心体温降到38℃以下。

（3）警惕呼吸心跳骤停等白金10分钟危象，应给予及时抢救处置。

（4）等待专业急救或稳定后送往医院进一步诊治。

（二）低温损伤

低温损害包括冻伤和冻僵。冻伤是低温作用于机体引起局部乃至全身的损伤。冻僵又称意外低体温，是指处在寒冷环境中的机体中心体温低于35℃，伴神经和心血管系统损伤为主要表现的全身性疾病。

1.常见表现

（1）机体的防御反应：鸡皮样外观、寒战，颤抖提高产热。

（2）体温缓慢下降，<35℃。

（3）<30℃：体温下降较急，出现意识蒙胧、呼吸次数降低、肌肉僵直、幻觉、行动能力下降；异常行动、温暖错觉。

（4）<24℃：出现生命危险，血压低下，意识消失，心律失常，呼吸障碍。

2. 常见原因

（1）外部条件：环境温度低，空气湿度大，风速大，衣服潮湿等。

（2）内部条件：饮酒，头部损伤，体热产生过低（疲劳、空腹、甲减、老人等）。

3. 现场处置

评估现场安全→判断生命体征→立即呼救报警→护理和心理支持。

（1）迅速脱离寒冷环境，保暖，尽早快速复温，使用保温毯，局部涂敷冻伤膏。

（2）出现白金10分钟危象，应给予相应处置。

（3）护理和心理支持。

（4）等待专业急救或稳定后送往医院进一步诊治。

（三）动物致伤

动物咬伤是指动物利用牙、爪、角、刺等展开攻击，造成咬伤、蜇伤和其他损伤（包括过敏、中毒、继发感染、传染病等）。

1. 常见表现

（1）局部表现：有利牙撕咬形成的牙痕和伤口，周围组织水肿，皮下出血、血肿，局部疼痛；部分病例在8~24小时出现伤口感染表现，伤口疼痛加剧，周围渐次出现红肿、脓性分泌物，分泌物可有异常气味。

（2）全身表现：一般较轻，如伤口感染严重可出现淋巴管炎、头痛、头晕、发热等症状，甚至脓毒症、化脓性关节炎、骨髓炎等。

2. 常见原因

大多数动物咬伤是由人类熟悉的动物（宠物）所致，常见的有狗、猫、鼠咬伤等。

3. 现场处置

1）鼠咬伤

评估现场安全→判断生命体征→立即呼救报警→护理和心理支持。

（1）处理：挤压伤口，排出污血，用流动水和肥皂水冲洗伤口，再用过氧化氢溶液消毒，口服抗生素。

（2）出现白金10分钟危象，应给予相应处置。

（3）等待专业急救或稳定后送往医院进一步诊治。

2）猫咬伤

评估现场安全→判断生命体征→立即呼救报警→护理和心理支持。

（1）处理：挤压伤口，排出污血，用流动水和肥皂水冲洗伤口，或1:2000高锰酸钾溶液冲洗伤口，然后用碘酒或5%苯酚局部消毒；在狂犬病流行区，猫咬伤的处理参照狗咬伤，以预防狂犬病。

（2）出现白金10分钟危象，应给予相应处置。

（3）等待专业急救或稳定后送往医院进一步诊治。

（四）触电

触电又称电击，是指人体直接触及电源或高压电经过空气或其他导电介质传递，电流通过人体时引起的组织损伤和功能障碍。重者发生心跳和呼吸骤停。超过1000伏的高压电还可引起灼伤。闪电损伤（雷击）属于高压电损伤范畴。

1.常见表现

1）局部表现

局部表现是电流进入及流出人体后，在体内流经的组织产生电灼伤，电流入口处可见炭化，出口处可能较小，干燥而呈圆形。电流经过人体的通路上可见肌肉、神经、血管甚至深达骨骼的灼伤，严重者继发组织水肿、肌肉缺血坏死等。

2）全身表现

（1）轻型：全身症状轻微，仅有头晕、心悸、触电肢体麻木感，全身乏力，稍作休息后即可恢复正常。

（2）中型：除有精神紧张、面色苍白、心动过速或频发早搏、呼吸浅促、触电肢体麻木外，尚可出现短暂意识丧失，大多数患者可在6~24小时恢复正常。

（3）重型：即刻发生昏迷和抽搐、呼吸心跳停止，死亡率高。电击后至延髓中枢呈高度抑制或呼吸肌持续痉挛，可出现假死状态。复苏后暂时性昏迷或精神错乱，2天~3周可能恢复清醒。

（4）并发症：局部损伤可后继感染，肌肉损伤可出现高血钾、肌红蛋白尿、急性肾功能衰竭等。

2. 现场处置

评估现场安全→判断生命体征→立即呼救报警→护理和心理支持。

（1）脱离电源：关闭电源、拔去插座/保险丝、用绝缘物挑开电源或线路。

（2）出现白金10分钟危象，应给予相应处置。

（3）等待专业急救或稳定后送往医院进一步诊治。

（五）烧烫伤

烧烫伤指各种热源、光电、放射线等因素所致的人体组织损伤，本质是蛋白质变性。热源包括热水、热液、热蒸汽、热固体或火焰等。

1. 烧伤面积估算

九分法估算烧伤面积见表3-2。

2. 烧伤深度判断

Ⅰ度烧伤：仅伤及表皮浅层。

Ⅱ度烧伤：浅Ⅱ度烧伤及表皮的生发层与真皮乳头层（真皮浅层）；深Ⅱ度烧伤及皮肤真皮乳头层及部分真皮网状层。

Ⅲ度烧伤：全皮层烧伤甚至达到皮下、肌肉或骨骼。

表 3-2　九分法估算烧伤面积

部位	成人各部位面积 / %	小儿各部位面积 / %
头颏	9×1=9（发部 3，面部 3，颈部 3）	9+（12- 年龄）
双上肢	9×2=18（双手 5，双前臂 6，双上臂 7）	9×2
躯干	9×3=27（腹侧 13，背侧 13，会阴 1）	9×3
双下肢	9×5+1=46（双臀 5，双大腿 21，双小腿 13，双足 7）	46-（12- 年龄）

3. 烧伤严重程度评估

轻度烧伤：总面积9%以下的Ⅱ度烧伤。

中度烧伤：Ⅱ度烧伤总面积达10%~29%；Ⅲ度烧伤面积在9%以下。

重度烧伤：烧伤总面积在30%~49%；Ⅲ度烧伤面积在10%~19%；或烧伤面积虽不足30%，但全身情况较重或已有休克、复合伤、呼吸道吸入性损伤或化学中毒等并发症。

特重度烧伤：烧伤面积在50%以上；Ⅲ度烧伤面积在20%；已有严重并发症。

4. 现场处置

评估现场安全→判断生命体征→立即呼救报警→护理和心理支持。

（1）一般处理：①立即远离热源，扑灭身上的火焰；②立即冷水冲洗浸泡，直到疼痛感觉消失或明显减轻；③检查有无复合伤，尤其是影响生命的创伤；④强酸烧伤使用5%碳酸氢钠，强碱烧伤选用弱酸清洗中和，但必须用冷水冲洗，以减少酸碱中和时产热；⑤生石灰烧伤及时处理，应先去除体表的石灰后再冲洗；⑥不要涂抹带颜色药物，以免影响入院后烧伤深度的判断和清创；⑦进行必要的心理支持。

（2）如出现白金10分钟危象，应给予相应处置。

（3）等待专业急救或稳定后送往医院。

（六）中毒

中毒是指有毒化学物质进入人体后，达到中毒量而产生的全身性损害，分为急性中毒和慢性中毒两大类。现场判别和处置均较困难。

1.常见表现

（1）皮肤黏膜：灼伤（强酸、强碱）、发绀（亚硝酸盐）、黄疸（鱼胆）。

（2）眼：瞳孔散大（阿托品）、瞳孔缩小（吗啡）、视神经炎（见于甲醇中毒）。

（3）神经系统：昏迷、谵妄（见于阿托品中毒）、肌纤维颤动（见于有机磷）、惊厥（见于有机氯、异烟肼）、瘫痪（见于三氧化二砷）、精神失常（见于一氧化碳、阿托品）。

（4）呼吸系统：

呼吸气味：酒味、苦杏仁（氰化物）味、蒜味等。

呼吸加快：水杨酸类、甲醇。

呼吸减慢：催眠药、吗啡。

肺水肿：磷化锌、有机磷等。

（5）循环系统：

心律失常：如洋地黄、茶碱类。

心跳骤停：如洋地黄、茶碱类是直接作用于心肌；窒息性毒物导致缺氧；钡盐、棉酚导致低钾。

（6）泌尿系统：急性肾衰。

（7）血液系统：

溶血性贫血：砷化氢。

白细胞减少和再障：氯霉素、抗肿瘤药。

出血：阿司匹林、氯霉素。

血液凝固：敌鼠、蛇毒。

（8）严重并发症：出现致死性的心力衰竭和休克，可并发严重心律失常、肺水肿、呼吸肌麻痹以及呼吸衰竭。

肾脏损害：急性肾功能衰竭等。

神经损害：抽搐、瘫痪、昏迷、中枢性呼吸衰竭。

凝血损害：溶血、贫血、广泛出血。

某些后遗症：如腐蚀性毒物中毒引起的消化道变形和狭窄，影响正常饮食；脑部中毒损害或严重缺氧后发生精神运动功能障碍等。

2. 常见原因

（1）职业性中毒：由于生产和使用过程中不注意劳动保护，密切接触有毒原料、中间产物或成品而发生的中毒。

（2）生活性中毒：主要由于误食或意外接触有毒物质、用药过量、自杀或故意投毒谋害等原因使过量毒物进入人体而引起中毒。

3. 现场处置

评估现场安全→判断生命体征→立即呼救报警→护理和心

理支持。

（1）立即脱离中毒现场，终止与毒物继续接触。

（2）检查并稳定生命体征，迅速清除体内已被吸收或尚未吸收的毒物。

（3）如是误服，立即进行催吐。

（4）如出现白金10分钟危象，应给予相应处置。

（5）等待专业急救或稳定后送往医院。

（七）毒蛇致伤

毒蛇咬伤是我国南部地区和沿海的常见病。毒蛇咬伤能使人中毒，救治不及时常危及生命安全。毒蛇头部有毒牙、排毒导管和毒腺，毒腺位于头侧眼后下方的皮肤下面。当毒蛇咬人时，毒腺中的毒液通过排毒导管输送到毒牙而注入咬伤的伤口内。毒液主要经淋巴和血循环扩散，引起局部的和全身中毒症状。

1.常见表现

（1）血液循环毒素中毒：见于蝰蛇、五步蛇和竹叶青蛇咬伤。咬伤局部剧痛、红肿、出血、水疱、皮下瘀斑或组织坏死，引起淋巴管炎和淋巴结炎，伤口不易愈合，并迅速向肢体近端蔓延。全身反应多在咬伤2~3小时出现，有发热、胸闷、心慌、气短、恶心、呕吐等。重者出现皮肤黏膜出血、呕血、便血、尿血、鼻出血等，可有溶血性黄疸，还可出现心律失常、心肌损害、心力衰竭甚至休克，有的出现急性肝、肾衰竭。

（2）神经毒素中毒：主要由金环蛇、银环蛇、部分蝮蛇和海蛇咬伤引起。咬伤局部症状相对较轻，伤口可仅有轻度红肿、麻木、流血不多，所以往往易被忽视。在咬伤后1~3小时，开始出现全身症状并迅猛发展，有视物模糊、眼睑下垂、声音嘶哑、言语和吞咽困难，恶心、呕吐、牙关紧闭、共济失调、大小便失禁。严重者肢体瘫痪、昏迷、休克、呼吸麻痹以至呼吸停止。

（3）混合毒素中毒：见于眼镜蛇、眼镜王蛇和蝮蛇咬伤。兼有以上两者的特点和表现。

2. 现场处置

评估现场安全→判断生命体征→立即呼救报警→护理和心理支持。

（1）现场判断：切忌惊慌，首先要判明是否为毒蛇咬伤。这可通过蛇的牙痕进行判断，无毒蛇的牙痕多呈一排或两排，而毒蛇的牙痕则多呈两点（一对）或数点（2~3对）。

（2）毒物的吸收和扩散：不要惊慌奔走、奔跑，保持镇静，不加速毒物的吸收和扩散。

（3）立刻对伤口进行处理：在伤口近心端2~3厘米处用绳带结扎，每15分钟左右放松1分钟，防止肢体缺血坏死。如有条件，可在现场予以伤口切开、冲洗、吸毒和排毒。

（4）蛇药治疗：可选用南通蛇药、上海蛇药等局敷或口服。

（5）如出现白金10分钟危象，应给予相应处置。

（6）等待专业急救或稳定后送往医院。

（八）蜂蜇致伤

蜂蜇伤，常见的是蜜蜂和黄蜂蜇伤。雌蜂和工蜂蜇人时尾刺刺入皮肤，并将毒液注入人体，引起局部反应和全身症状。

1.常见表现

（1）局部表现：蜇伤部位红肿，中央可见小黑点，多为刺伤点或毒刺存留部位，周围可有丹毒或荨麻疹样改变。

（2）全身症状：一般不甚明显，但被群蜂多处蜇伤时症状较重，可出现头晕、头痛、寒战、发热、气喘、心率增快、血压下降甚至休克、昏迷等。

2.现场处置

评估现场安全→判断生命体征→立即呼救报警→护理和心理支持。

（1）检查伤口，拔除硬刺。

（2）对四肢伤口，可以用绳子在上方绑紧，延缓毒液吸收；再将毒液从伤口挤出，血水流出后松开绳子，用浓肥皂水或碱水涂抹伤口，或用氨水、小苏打水清洗伤口。

（3）如出现白金10分钟危象，应给予相应处置。

（4）等待专业急救或稳定后送往医院。

（九）犬类致伤

犬类伤人属于动物伤人的一种。其特点是易感染狂犬病毒。狂犬病毒能在狗的唾液腺中繁殖，咬人后通过伤口残留唾液使人感染，潜伏期长短不一，多数20~90天，与年龄、伤口部位、伤口深浅、入侵病毒数量和毒力因素相关。

1. 常见表现

（1）前驱期： 可持续1天到1周，常出现伤口麻、痒，全身低热、乏力、咽喉痛、流涕、恶心、呕吐、头痛、肌痛等。

（2）急性神经症状期： 80%表现为狂躁型，表现为烦躁不安、恐慌、恐水、意识改变、易激怒、过度兴奋；20%表现为麻痹型，开始少有意识改变，仅表现为四肢无力、发热，继而出现肢体软弱、肌肉瘫痪、大小便失禁等。

（3）麻痹期： 此时痉挛停止，病人渐趋安静，出现弛缓性瘫痪，尤以肢体软瘫最为多见，后出现呼吸微弱、脉搏细数、血压下降、反射消失、瞳孔散大，进入昏迷状态。死因常为咽肌痉挛导致窒息或呼吸循环衰竭。

2. 现场处置

评估现场安全→判断生命体征→立即呼救报警→护理和心理支持。

（1）加强个人防护，有条件使用橡胶手套进行救护。

（2）伤口处理：①如伤口流血，只要流血不是过多，不急于止血。流出的血液可将伤口残留的狂犬唾液带走，起到消毒作用。②对流血不多的伤口，要从近心端向伤口处挤压出血，以利排毒。在2小时内，及早彻底清洗，减少狂犬病毒感染机会。③用干净刷子和浓肥皂水反复刷洗伤口，尤其是伤口深者，及时用清水冲洗，刷洗时间至少在30分钟。④冲洗后，用70%乙醇或50%~70%酒精度白酒搽伤口数次，不包扎，保持伤口裸露。

（3）如出现白金10分钟危象，应给予相应处置。

（4）等待专业急救或稳定后送往医院，给予免疫预防：免疫球蛋白、狂犬病疫苗、抗感染治疗等。

（十）运动损伤

运动损伤是在运动及相关过程中出现的运动系统损伤，包括骨、软骨、关节、关节囊、滑膜、半月板、关节韧带等。

1. 肌肉痉挛

1）常见表现

肌肉痉挛（“抽筋”）是一种强直性肌肉收缩，不能缓解放松的现象。运动中最易发生在小腿肌肉，其次是足底的屈拇肌和屈趾肌。

2）常见原因

多在游泳、足球、举重、长跑等运动时间长、运动强度大的项目中出现，多因肌肉疲劳、动作不协调、寒冷刺激等引起。

3）现场处置

评估现场安全→判断生命体征→立即呼救报警→护理和心理支持。

（1）用手握住肌肉痉挛一侧的脚趾，用力向腿部方向按压，另一只手向下压住膝盖，使腿伸直，重复动作，待疼痛消失时对痉挛部位肌肉进行按摩。

（2）等待专业急救或稳定后送往医院。

2. 踝关节扭伤

踝关节扭伤是最常见的运动损伤，占所有运动损伤的30%。

1）常见原因

运动时踝关节突然内翻、内收，即刻损伤外侧副韧带，表现为压痛、疼痛，并出现肿胀和皮下淤血，关节产生障碍。

2）现场处置

评估现场安全→判断生命体征→立即呼救报警→护理和心理支持。

（1）保护：使用护具保护踝关节。

（2）冰敷（Ice）：每2~3小时冰敷15~20分钟，伤后48小时内使用或者持续至肿胀缓解。

（3）加压：尽早采用弹力绷带进行加压包扎，有助于减轻肿胀。注意不能绑得太紧，以免影响患侧足部的血液供应。

（4）抬高：保持患侧足部抬高到心脏水平以上，以进一步缓解肿胀。

（5）如出现白金10分钟危象，应给予相应处置。

（6）等待专业急救或稳定后送往医院。

3. 运动性腹痛

运动性腹痛是体育活动中较为常见的一种症状，可出现局限性疼痛或全腹疼痛，疼痛程度与运动强度、运动量大小有关。

1）常见原因

运动前准备活动不充分、活动强度增加过快、身体状况不佳，或运动前吃得太饱、饮水过多，或者腹部受凉，致使脏腑功能失调，引起运动性腹痛。

2）现场处置

评估现场安全→判断生命体征→立即呼救报警→护理和心理支持。

（1）减慢运动速度，加深呼吸，用手按压疼痛部位或弯腰慢跑一段距离，短时间内疼痛可缓解。

（2）停止运动，做手臂向后向上的背伸动作以拉长腹肌，或进行腹部热敷。

（3）若通过上述处理，腹部疼痛仍然没有好转，或出现白金10分钟危象，应及时到医院做进一步诊治。

4. 骨折或关节损伤

1）常见表现

肢体出现畸形，异常活动；疼痛、功能障碍、压痛等。

2）现场处置

评估现场安全→判断生命体征→立即呼救报警→护理和心理支持。

（1）保持被动体位，不做复位。

（2）下肢可进行伤肢与健肢的捆绑固定，上肢可用躯干进行捆绑固定。

（3）预防休克：保证稳定卧位。

（4）如出现白金10分钟危象，应及时处置。

（5）立即到医院做进一步诊治。

（十一）高空坠落

高空坠落是指人们日常工作或生活中，从高处坠落，受到高速冲击力，使人体组织和多个器官遭到一定程度破坏而引起的损伤，严重者当场死亡。

1. 常见表现

有不同程度的昏迷、呼吸窘迫、面色苍白和表情淡漠等症状，可导致胸部损伤，容易引起肋骨骨折、连枷胸，甚至并发开放性气胸、腹腔内脏的肝脾组织器官发生破裂，引起低血容量性休克。

2. 常见原因

洞口坠落、脚手架坠落、悬空高空作业坠落、踩破轻型屋面坠落、拆除工作中坠落、从屋面岩口坠落、梯子上作业坠落、天花板检修坠落、龙门吊转料平台坠落、临边坠落。

3. 现场处置

评估现场安全→判断生命体征→立即呼救报警→护理和心理支持。

（1）去除伤员身上的用具和口袋中的硬物，如安全帽、安全绳、绝缘手套等。

（2）颌面伤应保持呼吸道畅通，撤除假牙，清除移位的组织碎片、血凝块、口腔分泌物等，松解伤员的颈、胸部纽扣，平仰卧位。

（3）局部妥善包扎，但对疑颅底骨折和脑脊液漏患者切忌作填塞。

（4）保护脊柱：颈椎可以使用头部固定器或者颈托，胸腰椎骨折可以使用脊柱夹板进行固定，在搬运和转送过程中身体要保持轴位。

（5）颈部、腹部、胸部有钢筋贯通伤切勿将钢筋拔出避免大出血、休克、死亡。

（6）肠管外露的严禁还纳，避免引起腹腔感染；胸部连枷胸可以用宽胶布固定，开放性气胸需要变为闭合性气胸。

（7）如出现白金10分钟危象，应给予相应处置。

（8）等待专业急救或稳定后送往医院。

（十二）物体砸伤

物体砸伤是指由失控物体的惯性力造成的人身损伤，严重者危及生命。

1. 常见表现

头、肩部损伤多见，也可伤及全身其他部位，严重程度及复杂程度由重物的特点和损伤机理决定。

2. 常见原因

工具零件、砖瓦、木块等物从高处掉落伤人；设备运转中违章操作；安全水平兜网、脚手架上堆放的杂物未经清理，经扰动后发生落体伤人；模板拆除工程中，支撑、模板伤人。

3. 现场处置

评估现场安全→判断生命体征→立即呼救报警→护理和心理支持。

（1）立即组织抢救伤者：先观察伤者的受伤情况、部位、伤害性质，如伤员发生休克，保持安静、保暖、平卧、少动，并将下肢抬高约20°。遇呼吸、心跳停止者，应立即进行人工呼吸、胸外心脏按压，尽快送医院进行抢救治疗。

（2）不贸然移动患者，尽量现场施救。抢救的重点放在颅脑损伤、胸部骨折和出血处理上。

（3）颅脑损伤，保持呼吸道通畅。昏迷者应平卧，面部转向一侧。遇有开放骨折，用消毒的纱布或清洁布等覆盖伤口，用绷带或布条包扎后及时到医院治疗。

（4）如出现白金10分钟危象，应给予相应处置。

（5）等待专业急救或稳定后送往医院。

（十三）尖锐物割伤

尖锐物割伤是指锐利物体（如刀刃）割开体表所致的损伤，一般其创缘较整齐，伤口大小不一。

1.常见表现

（1）轻度：通常只伤及皮肤组织，使皮肤开裂、轻微出血、疼痛。

（2）重度：可能引起肌肉、肌腱、血管、神经等损伤，如不处置，失血过多可能引起心慌、怕冷、晕厥、意识模糊、低血压等。

2.现场处置

评估现场安全→判断生命体征→立即呼救报警→护理和心理支持。

（1）轻度使用碘伏消毒，用创可贴包扎即可。

（2）重者：压迫止血，使用敷料覆盖损伤部位持续加压，也可使用干净的衬衫、床单、毛巾替代。无效可用止血带。

（3）如出现白金10分钟危象，应给予相应处置。

（4）等待专业急救或稳定后送往医院，伤者需在24小时内打破伤风针。

（十四）异物刺入

异物刺入指尖细物体（刺刀、竹竿、铁钉等）猛力插入软组织所致的损伤。刺伤的伤口多较小，但较深，易被血凝块堵塞，有时会伤及内脏，易导致感染。

现场处置：评估现场安全→判断生命体征→立即呼救报警→护理和心理支持。

（1）轻伤：如细小的木刺刺入手指，伤口小且浅，一般情况下取出刺入的物品，用碘伏进行消毒处理，止血包扎即可。

（2）刀子、匕首、钢筋、铁棍及其他物品刺入身体，异物刺入手臂、腿等部位，要保持异物原位不动，妥善固定后到医院进行相关处置。

（3）如果异物过大、过长，刺入头部、颈椎、腹腔等部位，在现场要进行切割分离，妥善固定后送医院进行相关处置。

（4）如出现白金10分钟危象，应给予相应处置。

（5）等待专业急救或稳定后送往医院。

第六节 / 自救互救的法律法规

自救互救是院前急救的一部分，特指非专业人员在公共场所进行的急救、救护、救援过程中的核心行为，各地区也有政府和行业的急救免责法规。

一、《中华人民共和国民法典》相关法规

《中华人民共和国民法典》第一百八十四条紧急救助的责任豁免：因自愿实施紧急救助行为造成受助人损害的，救助人不承担民事责任。本条规定包括以下几个方面：

（1）救助人自愿实施紧急救助与援助行为：自愿实施紧急救助行为是指一般所称的见义勇为或者助人的行为，不包括专业救助行为。本条所称的救助人是指非专业人员，即一般所称的见义勇为或者乐于助人的志愿人员。专业救助人员通常掌握某一领域内的专业知识、专业技能，并根据其工作性质有义务救助并专门从事救助工作。因此，为与专业救助人员实施救助行为相区别，本条明确了“自愿”的前提条件。

（2）救助人以救助为目的实施紧急救助行为：救助人不承担民事责任的条件之一是救助人需以“救助”受助人为行为的

主观目的。当受助人由于自身健康等原因处于紧急情况需要救助时，救助人是以救助受助人为目的，为了受助人的利益实施的紧急救助行为。

（3）受助人的损害与救助人的行为有因果关系，即在紧急救助过程中，因为救助人的行为造成受助人的损害。

（4）救助人对因救助行为造成受助人的损害不承担民事责任。

专业人员处于非岗位责任下进行院前急救时，也受《中华人民共和国民法典》第一百八十四条紧急救助的责任豁免。如果在岗位责任下进行的医疗急救，除受相关法律或文件（宪法、医疗卫生法律、国际卫生法、医疗卫生行政法规、医疗卫生地方性法规、卫生部规章、市政府医疗卫生规章、医疗卫生其他规范性文件）规范外，还受侵权责任法、执业医师法、医疗事故处理条例等法律法规调整。

二、《医疗事故处理条例》相关规定

《医疗事故处理条例》第三十三条规定，有下列情形之一的，不属于医疗事故：

（1）在紧急情况下为抢救垂危患者生命而采取紧急医学措施造成不良后果的。

（2）在医疗活动中由于患者病情异常或者患者体质特殊而发生医疗意外的。

（3）在现有医学科学技术条件下，发生无法预料或者不能防范的不良后果的。

（4）无过错输血感染造成不良后果的。

（5）因患方原因延误诊疗导致不良后果的。

（6）因不可抗力造成不良后果的。

第四十九条规定，“不属于医疗事故的，医疗机构不承担赔偿责任”。不管从法学理论还是从已有诉讼判例看，上位法必须优先于下位法！

三、伤病员个人权利相关规定

医疗工作中已经有全面的伤病员权利保护规章和要求，能够保障伤病员的人权和医疗权利。专业上对濒危围心跳骤停状态下，作为活着的人，医疗权利包括如下内容，可供我们在自救互救实践中参考使用。

（1）接受治疗直到死亡。

（2）保持希望的感觉，但也可以改变对它的关注。

（3）接受对我抱有希望的人的护理，但也可以改变这种情况。

（4）接近死亡时，通过自己的方式表达感受和情绪。

（5）参与决定对我的护理方案。

（6）获得持续的医疗和护理关注。

（7）不要孤单地死亡。

（8）远离疼痛。

（9）得到诚实的问题解答。

（10）不被欺骗。

（11）和家人之间相互帮助来接受我的死亡。

（12）平静地、有尊严地死去。

（13）保持自己个性，并不被他人评判，即便他人想法和我不同。

（14）讨论和分享我的宗教或精神方面的体验，无论对他人意味着什么。

（15）在我死后，期望我的身体得到尊重。

（16）得到爱心、精心、有知识人的照料，他们会尝试明白我的需求，并在我面对死亡时尽可能满足我的需求。

四、防范自救互救中产生纠纷

参与应急志愿服务的应急志愿者应当注重防范自救互救过程中的法律纠纷，熟悉有关法规内容，例如，《中华人民共和国民法典》中被俗称为“好人法”的第一百八十四条规定“因自愿实施紧急救助行为造成受助人损害的，救助人不承担民事责任”。《志愿服务条例》规定：“志愿服务组织安排志愿者参与可能发生人身危险的志愿服务活动前，为志愿者购买相应的人身意外伤害保险。”在某些情况下，风险是很小的，如家庭亲属之间、密切的朋友之间、企业和团队的同事之间。缺少第二目击者的公共空间、伤病员出现死亡或严重并发症等情况下，法律风险会增加，应急志愿者可寻求有关法律援助，并利用现场录音录像、图片、目击者等澄清事实。

第四章 心理危机干预

本章主要讲述了心理危机的基本知识、危机干预的重要作用；指导应急志愿者如何开展心理危机干预服务，协助当事人解决自己所面临的心理问题或困惑，更好地获得心理成长，有策略地面对生活或工作中的各种艰难时刻。

第一节
/
理论与技术

一、心理危机的概念及产生原因

（一）什么是心理危机

心理危机是一种正常的生活经历，并非疾病或病理过程，每个人在人生不同阶段都会经历这种危机。

一般来说，确定心理危机需要符合以下三项标准：存在具有重大影响的危机事件；引起急性情绪混乱或认知，躯体和行为等方面的改变，导致当事人的主观痛苦，但又不符合任何精神疾病的诊断；当事人用平常解决问题的方法暂不能应付或应付无效，导致当事人的心理、情感和行为等方面的功能水平较危机事件发生前有所降低，如图4-1所示。

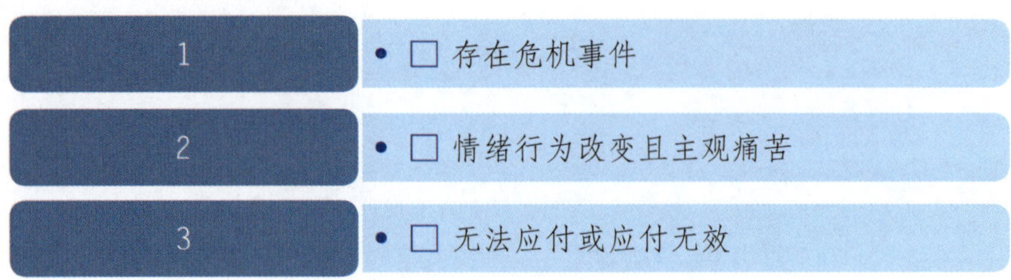

图4-1　心理危机识别标准

由于处理危机的方法不同，结果也就不同：第一种是顺利度过危机，学会处理危机的方法和策略，提高了心理健康水平；第二种是留下心理创伤，影响今后的社会适应；第三种是出现自伤行为，承受不住强烈的刺激而出现一过性的自伤行为；第四种是严重心理障碍，未能度过危机而出现严重的心理障碍。

（二）为什么会出现心理危机

心理危机出现是因为个体意识到某一事件和情景超过了自己的应付能力，而不是个体经历的事件本身。个体危机反应的严重程度并不一定与事件的强度成正比，也就是说个体对危机的反应有很大差异，即相同的刺激引起的反应是不同的。比如对待“新冠”有的人平静坦然，镇定自若，善于应付；有的人无所适从，惶惶不可终日。

危机反应程度受以下因素影响：个体的个性特点、对事件的认知和解释、社会支持状况、以前的危机经历、个人的健康状况、干预危机的信息获得渠道和可信程度、危机的可预期性和可控制性、个人适应能力、所处环境等。

（三）心理危机产生的危害

心理危机是一种正常的生活经历，并非疾病或病理过程。每个人在人生不同阶段都会经历这种危机，对于大多数人来说，危机反应无论在程度上还是在时间上，都不会给生活带来永久性或者极端的影响，他们需要的只是专业帮助、时间，加上亲友之间的体谅和支持，就能够逐步恢复对现状和生活的信心。

在危机事件中，人体的交感肾上腺髓质系统被调动起来，儿茶酚胺（去肾上腺素、肾上腺素）的分泌量大大增加，儿茶酚胺作用于中枢神经系统，提高了兴奋性，使机体处于警觉状态，反应灵敏，心跳加快，心脏收缩力增强，血压升高，血液循环加快，以适应在应激情况下对能量的需要。若习惯性地、持续性地处于应激状态，最终将导致我们全面紧张和持续疲劳，从而对身心健康造成不良影响。

如果心理危机过强，持续时间过长，就会降低人体的免疫力，出现非常时期的非理性行为。对个人而言，轻则危害身体健康，增加患病的可能，重则会出现攻击性行为和精神损害，其结果是不仅增加了有效防御和控制灾难的困难，还在无形之中给自己和别人制造了新的恐慌。对社会而言，则会引发更大范围的秩序紊乱，冲击和妨碍正常的社会生活，如出现犯罪增加等问题。

（四）心理危机干预的概念

心理危机干预是指针对处于心理危机状态的个人及时给予适当的心理援助尤其是心理辅导，使之尽快摆脱困难的心理服务模式。

应急心理辅导是基于心理危机干预的理论基础，在应急管理与服务系统提供心理辅导和支持的统称。它主要是指应急系统社会心理工作者、应急志愿者运用社会学、心理学原理和方法，对在处于心理危机状态的个人和群体，所面临的心理问题给予适当的辅导和引导，从而协助当事人解决自己所面临的心理问题的服务过程。

二、应激反应

心理危机后的应激反应是指当个体面对危机（突发重大灾难事件）后，本能地调动自身所有的能量应对事件给心理造成的冲击，而产生的一系列心身反应。

（一）危机的心身反应

当个体面对危机时会产生一系列心身反应，一般危机反应会维持6~8周。危机反应主要表现在生理、情绪、认知和行为上。心理危机中的心身反应清单如图4-2所示。

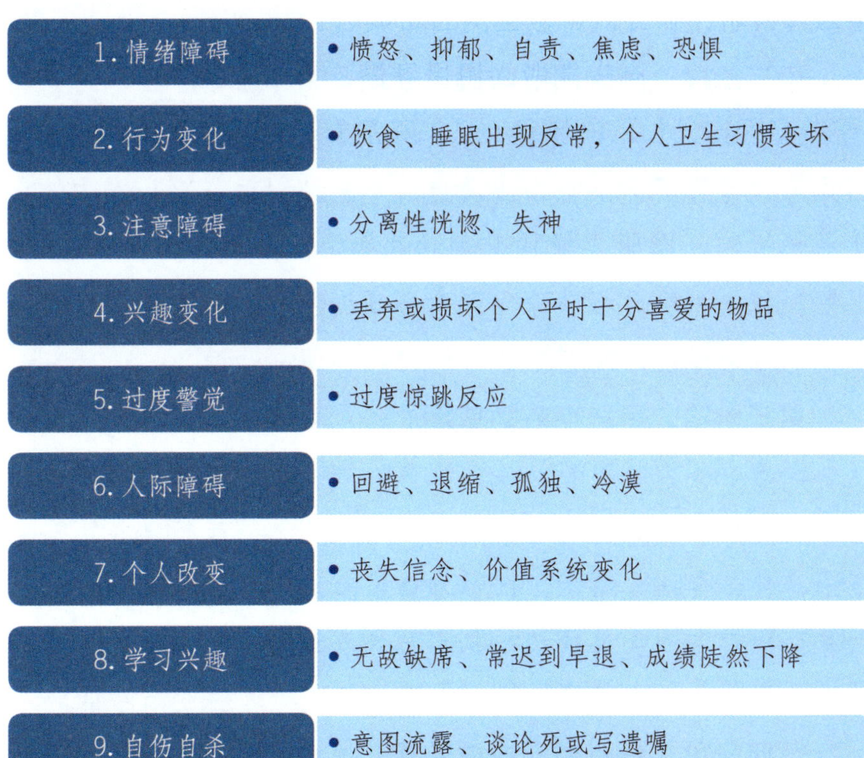

图4-2　心理危机中的心身反应清单

（二）心理应激反应的四个阶段

心理应激反应通常会经历以下四个阶段过程：

第一阶段，冲击期或休克期。发生在危机事件发生后不久或当时，感到震惊、恐慌、不知所措，随后就会出现意识模糊，判断力下降等现象，或者脑袋里面一片空白。如新冠肺炎疫情期间，有些人听到新冠肺炎确诊人数和死亡人数每天都在增加，亲人、身边人得了新冠肺炎，武汉封城等消息后，大多数人会表现出惊慌、害怕和震惊，只有少数人能保持冷静与镇定。

第二阶段，防御期或防御退缩期。由于灾害事件和情景超过了自己的应付或承受能力，人们为了恢复心理上的平衡，控制焦虑和情绪紊乱，会本能地启动包括“心理隔离”在内的自我保护机制，以便恢复其现实的认知功能。譬如会出现否认、退缩和回避手段进行合理化，或者高度警觉神经质逃跑，或者漠视危险的存在，或者控制悲伤的表达。

第三阶段，解决期或适应期。一段时间以后，人们能够采取积极的态度面对现实，接受现实，并寻求各种资源努力设法解决灾难事件造成的问题，或争取亲人朋友的支持，焦虑情绪逐渐减轻，自信心增加，社会功能恢复。如随着党中央和政府一系列强有力的疫情防控措施出台，疫情得到控制，治愈力持续增加，媒体报道规范透明，人们的恐慌心理会逐渐降低。

第四阶段，危机后期或成长期。多数人经历了灾害危机变得更为理性，在心理和行为上变得较为成熟，会将自己的注意力转向产生压力的危机，并努力设法处理。开始通过一定的途径获得积极的应付技巧，改变策略和行为，直接面对危机，解决困难，如求助。但也有少数人消极应对而出现冲动行为、焦虑、抑郁、分离障碍、进食障碍、酒依赖或药物依赖，甚至自伤、自杀等，这种情况需要专业的心理咨询或治疗。

总的来说，人们经历危机事件后的心路历程是跌宕起伏的，从不能接受到满腔愤怒，从心怀期盼到沮丧忧愁，从开始接纳到改变适应，整个过程大抵需要经过四个阶段。经历危机事件后的心路历程如图 4-3 所示。

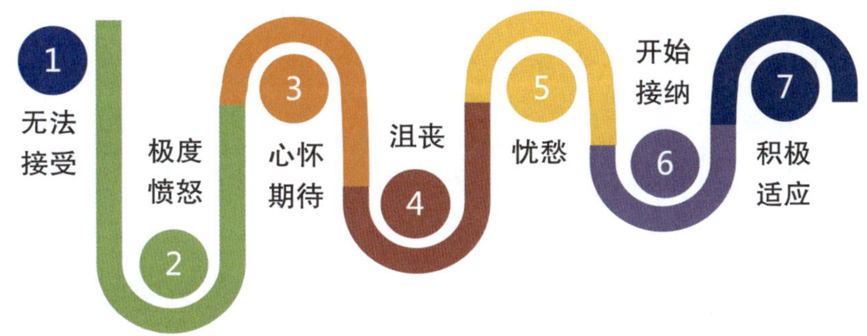

图 4-3　经历危机事件后的心路历程

（改编自：樊富珉《心理危机反应及干预方法》2020）

对大多数人而言，在面对危机事件后，通常会导致应激反应，但在远离应激源（即引发应激反应的环境事件或情境，也可称为刺激物或刺激）后，基本可逐渐趋于平静，恢复原有的心理状态。但若恶性的应激源持续地不被消除，则会导致人们心理难以承受，产生心理危机，进一步演变为心理障碍。

三、心理危机导致的心身疾病

在心理危机导致的心身疾病中最常见的是支气管哮喘、消化性溃疡、高血压、甲亢和糖尿病等。危机后的应激反应可能会导致一些心身疾病，例如：

血管系统方面：冠心病、原发性高血压等。

消化系统方面：胃和十二指肠溃疡、溃疡性结肠炎、胃痉挛、精神性（心因性）厌食等。

呼吸系统方面：支气管哮喘、过度换气综合征、慢性胰腺炎等。

内分泌系统方面：甲状腺功能亢进症、肥胖症等。

神经系统方面：紧张性头痛、偏头痛、痉挛性斜颈、自主神经障碍等。

泌尿生殖系统方面：遗尿、阳痿、月经不调、经前紧张症等。

肌肉骨骼系统方面：类风湿关节炎、肌痛、颈臂综合征等。

皮肤科方面：荨麻疹、湿疹、过敏性皮炎、皮肤瘙痒症等。

眼科方面：青光眼、弱视等。

耳鼻喉科方面：美尼尔综合征、口吃、咽部异物感等。

妇产科方面：功能性子宫出血、不孕症等。

口腔科方面：舌痛、口炎、口臭等。

四、心理危机后常见精神卫生问题

心理危机后常见精神卫生问题，即障碍或疾病主要有：急性应激障碍、创伤后应激障碍、适应障碍、抑郁症、焦虑症、精神分裂症、自杀行为。出现这些状况建议尽快到就近的精神专科医院就诊。

（一）急性应激障碍

急性应激障碍也叫急性应激反应，是在剧烈的、异乎寻常的精神刺激、生活事件作用下引发的精神障碍。常出现“茫然”状态，表现为意识范围狭窄、不能领会外在刺激、定向力障碍；对周围环境的进一步退缩，表现为少语少动、目光呆滞、问话也不回答，甚至不吃东西，也不喝水，呆若木鸡；也有人会表现为激越性活动过多（逃跑反应或神游），常存在惊恐表现。症状一般在受到应激性刺激影响后几分钟内出现，并在2~3天内消失（一般在几小时内消失），对于发作会有部分或完全的遗忘。一般不超过一周。

（二）创伤后应激障碍

创伤后应激障碍是指个体经历、目睹或遭遇一个或多个涉及自身或他人的实际死亡，或受到死亡威胁，或严重受伤，或躯体完整性受到威胁事件后，所导致的个体延迟出现和持续存在的精神障碍。创伤后应激障碍的三组核心症状有：创伤性再体验症状、回避症状和警觉性增高症状。其临床表现可能是急性应激障碍的延续，也可能是危机后延迟发生的。多数人在危机事件后的数天至半年内发病，一般在一年内恢复正常。少数人症状可持续多年，且发现明显症状时病程至少已有三个月，需要干预才可恢复正常。创伤后应激障碍最为突出的临床表现是“闪回”“回避”“警觉”“情感麻痹”。创伤后应激障碍一般可恢复正常，但也有少数会数年不愈。

（三）适应障碍

适应障碍是一种主观痛苦和情绪紊乱的状态，出现于对明显的生活改变或应激性事件（包括患有或可能患严重躯体疾病）的结果进行适应的过程中。起病通常在应激性事件或生活改变发生后一个月之内，除长期的抑郁性反应外，症状持续时间一般不超过六个月。可能是因为应激源影响了个体社会网络的完整性（经由居丧或分离体验），或影响到较广泛的社会支持系统及价值系统（移民或难民状态）。个体的易感度在适应障碍的发生与表现形式上起着更大的作用。适应障碍的临床表现是多种多样的，包括抑郁、焦虑、烦恼（或上述多种症状的混合），感到对目前处境不能应付，无从计划，难以继续，此外还有日常事务中一定程度的功能缺损。对儿童来说，可重新出现尿床、稚声稚气地说话、吸吮手指。

（四）抑郁症

抑郁症是一种感到无力应对外界压力而产生的消极情绪，常常伴有厌恶、痛苦、羞愧、自卑等情绪。抑郁的临床表现：一是心境低落，伴无愉快感，自我评价过低，自责或内疚感；二是反复出现想死的念头，或有自杀、自伤行为；三是精力减退或疲乏感、联想困难或自觉思考能力下降；四是身体活动缓慢，木僵，面部缺乏表情，人际交流能力下降或缺乏交流或激越；五是食欲下降，体重明显减轻，性欲减退；六是睡眠障碍早醒；七是时间持续两周以上。

（五）焦虑症

焦虑症是发作性惊恐状态，运动性不安，小动作增多，坐卧不宁，或激动哭泣，常伴有自主神经功能失调表现（口干、胸闷、心悸、出冷汗、双手震颤、厌食、便秘等）、主观痛苦感或社会功能受损。焦虑症的临床表现：一是经常或持续的无明显对象或固定内容的焦虑紧张；二是自主神经功能紊乱，头晕、胸闷、呼吸困难、口干、尿频尿急、出汗、震颤等；三是警觉性增高，运动性不安。

（六）精神分裂症

经历心理危机后还可能会产生癔症、躁狂发作、神经症等精神病性症状。一是幻觉，感受到或听到、闻到、看到、尝到、接触到实际上并不存在的事物，大部分一闪而过，也可能持续很久；二是妄想，错误的信念，即使没有确凿的理由来支持，受试者依然坚信不疑；三是思维障碍，思维松散，思维逻辑障碍；四是情感淡漠，缺乏对人或事物的情感亲和力；五是社会功能衰退，社交隔离。

（七）自杀行为

自杀行为分为自杀意念、自杀未遂和自杀死亡。自杀意念是指有寻死的愿望，但是没有采取任何实际行动，包括个体通过直接或间接方式表达自我终止生命的意思，他可能计划如何结束自己的生命；语言或非语言交流能揭示自杀观念。写遗嘱、数安定剂的数量、带枪外出都是推论自杀观念的证据。自杀未遂是有意毁灭自我的行为，但并未导致死亡。当然，如果个体吞服较多的药片或故意扣动枪的扳机结束生命而未死亡，这是自杀未遂。自杀死亡是采取有意毁灭自我的行为，并导致了死亡。

五、心理危机的评估

（一）评估与工具

心理危机评估是指临床心理学专家或经过培训的危机干预者、应急志愿者利用相关理论和技术，对当事人心理危机的类型、严重程度以及干预过程中的反应进行鉴别、判断和预测的过程。心理危机评估是心理危机干预的重要组成部分，没有评估，干预就会失去方向、失去依据，准确的评估是有效干预的基本前提。

1. 评估的核心内容

心理危机评估是心理危机干预方案的依据和基础，主要目的是引导心理危机的干预过程，包括评估心理危机的严重程度，评估危机当事人的精神状态和社会功能，评估当事人的自杀风险，评估当事人的应对能力、支持系统及可能的解决方案，评估危机事件后当事人的心理健康、精神卫生问题及服务需求等。心理危机评估的一般内容主要是指对当事人的认知、情绪、行为、自杀风险作出评估。

2. 认知状态

在心理危机创伤或自杀准备阶段，心理危机当事人的注意力往往过分集中在悲伤反应或想“一死了之，一了百了”之中，从而出现记忆和认知能力方面的“缩小”或“变窄”，判断、分辨和作决定的能力下降，部分人会有记忆力减退、注意力不集中等表现。应急志愿者可以围绕以下问题进行评估，见表4-1。

表4-1 心理危机干预——认知评估表

评估内容	评估结果
①当事人对危机认识的真实性和一致性如何？	
②如果存在危机，范围如何？	
③认知的解释合理还是被夸大？	
④认为部分事实触发危机了吗？	
⑤这种危机的想法有多长时间了？	
⑥当事人想改变危机处境的想法是怎么样的？	

应急志愿者等危机干预工作者通过提问环节，厘清当事人的认知情况，并帮助求助者改变不合理的或模糊的想法，建立更加积极的、现实的思维方式来面对危机，以及思考实用的变通应对方式，协助当事人面对心理危机。

3. 情绪状态

对心理危机当事人情绪状态的评估一般从两方面展开，一是识别当事人目前的情绪类别，心理危机当事人常见的情绪有焦虑、恐惧、抑郁、愤怒等；二是评估当事人情绪的稳定性和承受力，确定危机当事人还剩余多少情绪应对能力，绝望感和无助感是情绪应对能力的重要指标。下列这些问题可以用于评估当事人的情绪应对能力，见表4-2。

表4-2　心理危机干预——情绪评估表

评估内容	评估结果
①您能分享下对目前状况的看法和感受吗？	
②您希望现在有怎样的感受？	
③在事情变得如此糟糕之前，您的感受是什么样的？	
④您是否考虑过，这次危机过后，您的状况会是如何？	

应急志愿者等心理危机干预工作者对当事人目前情绪应对能力的评估，将直接影响下一步干预中采取何种干预策略。与保持相当情绪应对能力的当事人相比，完全缺乏情绪应对能力的当事人更需要来自应急志愿者等心理危机干预工作者直接的反应。应急志愿者等干预者不能仅仅根据某个单一因素就断定当事人的情绪力量已告罄，但是某些信息的组合可以帮助应急志愿者等干预者形成一个一般印象。例如，对一个因受教育程度低而屡受职业挫折的中年人与一个第一次遭受职业挫折的年轻人，我们的印象自然会有所不同；一个多次罹患严重疾病而住院治疗的人与一个平生第一次住院的人，自然也会有所不同。

4.行为表现

心理危机当事人往往会有哭泣、回避、社交退缩等“异常”行为。应急志愿者等心理危机干预工作者要更多地注意当事人的行为状况以及在假设情境下的计划与预期行为，以此了解当事人的主观能动性和自控能力。例如，心理危机当事人会表现出日常能力的下降，不能上班和做家务，兴趣减退，社交技能丧失，日趋孤单、不合群、郁郁寡欢，对周围环境漠不关心，对前途的悲观和失望，漠视他人帮助和关心，脾气暴怒或易冲动，甚至出现严重的攻击破坏行为（如酗酒、自杀等）。值得注意的是，还有一种危机当事人表面看上去没有任何“异常”行为，危机之下言语、行为似乎一切平静如常，但这往往蕴含着更大的危机，需要高度关注。当事人的躯体反应是心理危机评估的重要线索。相当一部分心理危机当事人会出现躯体不适现象，例如心悸、失眠、多梦、早醒、食欲缺乏、头痛、呼吸困难等多种躯体不适表现，部分当事人还会出现血压、心率、生理及脑电生理等方面的变化。应急志愿者等心理危机干预工作者可通过一些问题引导当事人采取假设性的行动，见表4-3。

表 4-3　心理危机干预——行为评估表

评估内容	评估结果
①如果过去发生类似情况，您会采取哪些行动使之恢复自控?	
②为摆脱最困难的情境，您现在能做什么?	
③如果您现在即刻联系的话，有哪些人可以支持处于危机中的您?	

（二）常用评估方法

心理危机评估的主要方法有访谈法、观察法、心理测验法等。

1. 访谈法

访谈法是指评估者与当事人面对面的谈话，访谈法是运用最广、内容最丰富的方法。根据访谈进程的标准化程度，可分为结构型访谈和非结构型访谈。根据一次访谈对象的数量，可分为个别访谈和集体访谈。访谈法的优点在于适合各种人群，不受当事人社会身份、文化程度等的限制；可以对当事人的态度、动机、情绪等较深层次的内容有比较详细的了解；能够简单而快速地收集多方面的资料；评估者可以了解到短期内由直接观察法不容易发现的情况；有助于心理危机干预工作者对求助者的心理危机类型等问题进行分析和判断。

2. 观察法

观察法是指评估者有目的、有计划地直接观察当事人，观察法是评估者获得信息的常用手段。非参与式观察是评估者作为一个旁观者，冷静地观察现场所发生的各种情况；参与式观察是评估者作为一个参与者参与到现场的活动之中。由于人的感官具有一定的局限性，在对当事人进行观察时，评估者可借助各种现代化的仪器和手段，如摄像机、照相机、录音机等来辅助观察，观察需要得到当事人的同意。观察的场所包括当事人所在的自然情境，如教室、操场、家庭、治疗室等。评估者对当事人的观察可以从情境、人物、行为以及频率和持续期四个方面进行。人是行为的主体，任何事件的发生都离不开人，所以对人物的观察是评估者最主要的工作。观察人物时，要注意他们的身份、年龄、性别、外表形象、人际关系等。

3. 心理测验法

心理测验法采用标准化的心理测验量表对当事人有关的心理特质进行定量评价，以发现其各种心理与行为的变化情况。通过心理测验的评估，能够更准确地了解当事人的心理与行为状态、潜在的力量以及存在的问题。评估中常用的心理测验有智力测验、人格测验、心理问题及心理障碍的症状、严重程度的评估、应激与压力评估等。心理测验法是心理危机评估的常用方法，评估者要根据评估对象的特点和评估需求选择合适的心理测验，需要注意的是，测量结果并不能“一锤定音”，只能作为综合评估的参考依据。

（三）常用评估工具

虽然有很多评估方法可以帮助应急志愿者等心理危机干预工作者获得以上信息，但多数方法评估效率较低，危机干预工作者更需要一个快速、简单、高效的评估方法，下面为应急志愿者朋友介绍国内外较为常用的心理危机评估模型——三维筛选模型。该模型有助于评估者从认知、情感和行为三方面来判断求助者目前的功能状态、危机的严重程度及对求助者能动性的影响。

基于此模型，迈尔和威廉姆斯设计了分类评估量表，快速、有效、易学、可靠，适合于应急志愿者快速掌握，见表4-4。

表 4-4　危机干预的分类评估量表

危机事件
简要确定和描述危机的情况：
情感方面
简要确定和描述目前的情感表现（如果有几种情感症状存在，请用①②③等标出主次） ① ② ③
愤怒 / 敌对：
焦虑 / 恐惧：
沮丧 / 忧愁：
认知方面
（如果有侵犯、威胁或丧失，则予以确定并简要描述，如果有多个认知反应存在，根据主次标出①②③） ① ② ③
生活 / 环境方面（饮食、水、安全、居处等）：
心理方面（自我认知、情绪表现、认同等）：
社会关系方面（家庭、朋友、同事等）：
道德 / 精神方面（个人态度、价值观、信仰等）：
行为方面
确定和简要描述目前的行为表现（如果有多种行为表现存在，根据主次标出①②③） ① ② ③
接触：

表4-4（续）

回避：
无能动性：
量表严重程度小结（评分）
情感：
认知：
行为：
评分原则遵循从高到低的筛查原则，即：不符合高分者，再考虑相应的低分

（四）评估注意事项

心理危机评估，首先要对实施者进行胜任力评估，如参与心理危机评估的人员，包括参与评估的应急志愿者是否接受过系统的培训，是否具备相应的专业知识，是否有心理危机评估相关实践经验等。要能够做到与当事人分担忧伤；镇定自若，不因事态严重而惊慌。其次危机评估要尽可能即时、高效。心理危机干预的最佳时机非常短暂，一般应在72小时内完成。因此，评估要求快速发现急需干预的人群，及时评估危机程度。

心理危机评估是制定干预措施的重要依据，因此评估应采用成熟的评估方法，增强科学性和可信度。评估的方法应该有明确的目的性和有效性，以利于依据评估结果制订干预方案。心理危机评估要注意结合社会和文化因素，同时要注意被评估者是否具有易感性，是否是老人、儿童等需要特殊关注的人群。

要注意心理危机评估的持续性，评估伴随心理危机干预的全过程，评估本身也是干预。建议应急志愿者在专业心理危机干预团队或组织指导下开展相关工作，如北京懋德社会工作服务中心开展了大量的心理危机干预实践，为区县消防支队、企事业单位提供专业心理危机干预服务，参与的应急志愿者在实践服务中也获得了专业成长。

六、经典理论、模式与技术

心理危机干预理论是危机产生后，给处于心理危机中的个体或群体提供有效帮助和支持的一种必然的应对策略，有助于对心理危机进行缓解和控制。心理危机干预经典理论包括行为干预理论、认知干预理论、生态系统理论、建构主义干预理论。

（一）心理危机干预四种基本理论

1.行为干预理论

行为干预的目的主要是实现特定的行为改变，降低或消除个体在危机中的一些不良行为，培养或提高个体一些良好的行为，从而提高个体对危机的免疫能力，实现特定行为的改变。

2.认知干预理论

认知干预理论是根据认知过程影响情感和行为的理论假设，通过认知和行为技术来改变当事人不良认知的一类方法。认知干预理论高度重视当事人的不良认知和思维方式，并且把自我挫败行为看成是当事人不良认知的结果。不良认知，即歪曲的、不合理的、消极的信念或思想，往往导致情绪障碍和非适应性行为。认知干预技术就在于矫正这些不合理的认知，从而使当事人的情感和行为得到相应的改变，例如贝克的认知疗法、艾里斯的认知情绪疗法等。

3. 生态系统理论

生态系统理论认为，危机是产生于整体生态系统之中的，灾难性事件能够影响和改变整个生态结构。因此，仅仅处理幸存者的情绪创伤是不够的，还要恢复和稳定其与环境之间的平衡。

4. 建构主义干预理论

建构主义关注个体是如何运用自己的经验、心理结果和内部信念来建构知识和作出对外部世界的解释。个体经验有差异，对经验的信念也不同，所以对外部世界的理解也存在很大差异，这要求个体主动地、创造性地对知识经验进行建构。

（二）八种模式策略

心理危机干预是一种短期的帮助过程，以解决当前问题为主要目标，并不涉及人格的矫正。它强调迅速减轻个体应激反应，使应激者各方面、各功能尽快地、最大限度地恢复到危机事件前水平，甚至高于危机前水平。危机干预的目的一是避免自伤或伤及他人，二是恢复心理平衡与动力。

从理论层面来看，导致心理危机的原因来自生理、心理、社会三个方面，相应的心理危机干预手段也涵盖了医学、心理学、社会学这三个方面指导下的治疗、咨询和社会支持。而各种干预策略和技术则是在危机干预理论和危机干预模式（模型）的基础上建立起来的。

心理危机干预模式众多，没有哪一种干预模式能够包容危机干预的全部观点，其中经典危机干预模式最为著名。经典危机干预模式是由贝尔金提出的平衡模式、认知模式和心理转变模式组成，这三种模式为许多不同的危机干预策略和方法提供了基础。

1. 危机干预平衡模式

平衡模式也称平衡/失衡模式，危机中的个体常处于一种心理或情绪的失衡状态，在这种状态下，当事人原有的应对机制和解决问题的方法不能满足其需要。每个人都在不断努力保持着一种内心的稳定状态，以使自己和环境能够和谐。当一些重大的问题或者小压力不断积累，直到积重难返，就会让人感到难以面对和把握，内心的紧张不断积蓄，进而导致不知所措、无所适从，甚至思维和行为都处于一种紊乱状态，这就是失衡，即心理危机。平衡模式的目的在于帮助人们恢复到危机前的平衡状态。

平衡模式最适用于早期干预，因为此时个体已经失去了对自身的控制，对危机情境不知所措，不能作出适当的选择。通过平衡模式可以帮助危机当事人重新获得危机前的状态。此时期心理危机干预工作者主要的精力应该集中在稳定当事人的情绪上，在重新达到某种程度的稳定之前，不应采取其他进一步的措施。例如，面对遭受性虐待的当事人正处于自责、愤怒的状态下，应急志愿者或者危机干预工作者应给予心理支持，鼓励宣泄，稳定情绪，而不是急于寻找其一再遭受性虐待的深层次原因。

2. 危机干预认知模式

认知模式认为危机导致心理伤害的主要原因是：当事人对

危机事件和围绕事件的相关境遇进行了错误评价，而不在于事件本身或与事件有关的事实。该模式要求危机干预工作者帮助当事人认识到自己认知中的非理性和自我否定成分，重新获得思维中的理性和自我肯定的成分，从而使当事人能够实现对危机的控制。例如在地震危机中，人们常会有一些不合理信念，由此产生不适应的情绪和行为。

认知模式最适合于危机趋于稳定并接近危机前平衡状态的当事人。在此阶段，危机干预的主要任务就是改变当事人的思维方式，使之产生良性循环。可以让当事人反复思考并强化关于危机情境的积极思维，直到积极的思维代替消极、歪曲的思维。这种干预模式的内容在很多心理治疗方法中都有所体现，如艾利斯的合理情绪疗法、梅肯鲍姆的认知行为疗法和贝克的认知疗法等。

3. 心理社会转变模式

心理社会转变模式认为，人是遗传和社会环境共同作用的产物。人在不停地变化、发展和成长，社会环境和社会影响也在发生变化，因此心理危机既与内部因素如心理困境有关，又与外部因素如社会和环境有关。心理危机干预的目标在于帮助当事人分别评估内部因素和外部因素对危机的影响程度，从而引导其适当调整目前的行为、态度等，并充分利用各种环境资源。因此，对危机的考察也应该从个体内部和外部因素着手。除考虑当事人的心理资源和应对方式外，还要了解同伴、家庭、职业、社区对当事人的影响。从当事人的角度来说，他们需要适当整合内部应对机制、社会支持系统、环境资源等，以获得对生活的自主控制能力。同认知模式一样，心理社会转变模式适合于危机情境接近危机前平衡状态、情绪基本稳定的当事人。

4. 建构主义干预模式

建构主义关注的是个体如何运用自己的经验、心理结果和内部信念来建构知识和意义。个体经验和对经验的信念不同，对外部世界的理解也存在很大差异。建构主义把病理心理看作文化和话语的建构物，因此从心理危机干预的角度，建构主义干预模式要求个体主动地和创造性地对知识经验进行建构，将新旧经验结合起来，不断地形成、丰富和调整自己的经验结构和自我结构。

5. 社会资源工程模式

社会资源工程模式为新兴危机干预模式，即教育、支持和训练的社会资源工程模式。这一模式是在为一些面临危机的社会团体提供支持的基础上发展起来的，其目的在于当危机干预人员资源有限时，通过训练团体领导、警察、志愿者等，提供最初的危机干预和减轻情感痛苦的服务，从而使团体内的心理健康资源得到最大的利用，提高干预效率。

6. 特异性模式

特异性模式为新兴危机干预模式，是对特殊人群和特殊情境的干预模式。有专家探讨对经历过灾难性事件的儿童的干预，提出的应对措施包括：提供有关事件本身的信息，指出正经历的焦虑与恐惧的合理性，鼓励儿童在群体或个人场合表达出自身的情感（年幼的孩子主要通过画画或游戏来表达），增强儿童个人和家庭的应对能力，提供具体的应对技巧以减轻应激反应等。

7. 评定－危机干预－创伤治疗模式

评定－危机干预－创伤治疗（ACT）为新兴危机干预模式，是一种综合性危机干预模式，是专门针对突发性危机和创伤性危机进行心理干预的危机干预模式。该模式要求心理危机干预工作者在最短的时间内对当事人进行干预，促使当事人接受系统的心理治疗，彻底摆脱自身的心理困扰。

8. 整合的危机干预模式

整合的危机干预模式又叫折中危机干预模式。整合的危机干预理论是指从现有的危机干预方法中，有意识、系统地选择和整合各种有效的方式和策略来帮助当事人。这一模式认为所有人的危机都是既独特又类似的。因此，整合危机干预模式是将各种理论和模式根据实际需要结合起来，进行综合运用，是各种方法的综合，力争使干预效果达到最佳水平。

（三）九种基本技术

心理危机干预的基本技术是指对心理危机下的个体提供外在心理援助的技术，包括在干预中建立良好的关系、提供支持、具体的干预技术的运用及心理危机团体干预技术。

1. 建立良好关系和提供支持的技术

建立良好的咨询关系，是应急志愿者从事心理危机干预的前提和基础。只有在信任、真诚、安全、接纳的氛围中，给心理危机当事人提供的心理支持才易于接受。建立良好的关系不仅需要助人的积极心态，还要在平时的工作中不断总结、积累和演练相关的技术技巧。

支持技术通过疏泄、暗示、保证、改变环境等方法，一方面可以降低当事人的情感张力，另一方面有助于建立良好的沟通和合作关系，为以后进一步的干预工作做准备。支持是给予情感支持，而不是支持当事人错误的观点或行为。例如，对于有自杀观念或自杀未遂的当事人，首先给予的是无条件的关注和对其精神痛苦的理解，让其有宣泄的机会。然后才进行认知的调整，帮助当事人认识到除了自杀之外，还有其他解决问题的方法。

干预技术如倾听、提问、表达、观察等参与性技术和影响性技术都是心理危机干预的基本技术，运用开放式提问、封闭式提问、鼓励和重复、解释、内容反映与表达、情感反映与表达、总结、指导、自我暴露等技术，根据个体不同反应，采取不同的心理危机干预策略与技术，如开展心理健康知识宣教，提供心理危机发展解释，帮助理解处境，提高危机应付能力；协调和发挥社会支持系统的作用，多与家人、亲友、同事接触和联系，减少孤独和隔离，鼓励重新建立起社会连接系统。

2. 稳定化技术

稳定化技术就是通过引导想象练习帮助当事人在内心世界中构建一个安全的地方，适当远离令人痛苦的情景，并且寻找内心的积极资源，激发内在的生命力，重新激发解决和面对当前困难的能力，促进对未来生活的希望。因此，该技术主要用于危机干预的初始阶段，以帮助当事人将情绪和认知水平恢复为常态，从而接受下一步的治疗措施。稳定化技术包括三项内容：将负性情绪、负性画面隔开，如屏幕技术、保险箱技术等；创造好的客体、建立积极的内部形象，如内在帮助者、安全岛等；自我抚慰，如放松练习、抚慰“内在小孩”等。

3. 眼动脱敏技术

眼动脱敏技术也被称为“眼动心身重建法”或“二指疗法”，被认为是一个治疗创伤后应激障碍非常有效果的心理治疗方法，国外使用广泛。在短短数次晤谈之后，便可在不用药物的情形下，有效减轻心理创伤程度及重建希望和信心的治疗方法。在一次疗程中，通常当事人被要求在脑中回想自己所遭遇到的创伤画面、影像、痛苦记忆及不适的心身反应（包括负面情绪），然后根据治疗师的指示，让当事人的眼球及目光随着治疗师的手指，平行来回移动15~20秒。完成之后，请当事人说明当下脑中的影像及心身感觉。同样的程序再重复，直到痛苦的回忆及不适的生理反应（例如心跳过快、肌肉紧绷、呼吸急促）被成功地“敏感递减”为止。若要建立正面健康的认知结构，则在程序之中，由治疗师引导，以正面的想法和愉快的心像画面植入当事人心中。

4. 空椅子技术

空椅子技术是完形心理治疗常用的一种技术。其本质是一种角色扮演，是使来访者的内射外显的一种方式。此技术运用两张或多张椅子，要求来访者坐在其中一张椅子上，扮演内心冲突情境的一方，再换坐到另一张或几张椅子上，扮演内心冲突情境的另一方，让来访者所扮演的双方持续进行对话，以逐步达到自我的整合或者自我与环境的整合。

5. 心理危机快速干预ABC法

A. 心理急救，稳定情绪；

B. 行为调整，放松训练，晤谈技术，快速建立信任关系；

C. 认知调整，情绪减压和哀伤辅导。

6. 开关技术

人们对自己、外界都会有认知，而认知引领行为，进而产生了情绪，处于同样或类似的情景下，一些人处在崩溃边缘的时候，有些人却能很好地处理，还有部分人在感到不适时，会主动寻找方法缓解压力。原海军总医院心理学专业创始人郭勇老师开创的“开关技术”就是一种认知疗法，形象地说，我们每一个人心里都装着许多开关，我们可以轻而易举地控制这些开关。当你觉得紧张时，你应该把紧张的开关关掉，把放松的开关打开，这样自然是放松的。同样道理，快乐与痛苦、光明与黑暗等都是一对对的开关。我们要善于操作这些开关，调整好自己的心态，面对心理危机事件，要以积极的情绪和心态去应对。

该技术操作简便，适合应急志愿者使用。重点要让人们认识到：自己心中有开关；自己可以控制开关。通过控制开关，达到自己想要的状态。通过自己的控制，享受健康、快乐、幸福的生活。

7. 焦点解决短期治疗技术

焦点解决短期治疗技术是指以寻找解决问题的方法为核心的短程心理治疗技术。以解决为导向的治疗，视当事人为自身的专家，治疗过程主要聚焦于改变何以发生以及可能性、小改变的所在，探讨当事人的目标、资源、例外、正向经验与未来远景，尽可能以最少的晤谈次数，对当事人的问题做一有效的处理，达到效益和并重。焦点解决短期治疗技术整个咨询与治疗过程以焦点解决导向的介入技术，使当事人对自己问题的知觉、看法、思考和感受能有所转变，包括一般化、预设性的询问、振奋性的鼓舞、赞许、奇迹询问、关系询问、例外询问、任务／家庭作业等技术。这些技术以语言为载体，通过例外的寻找和小的改变，帮助当事人从自身找到解决问题的资源，并最终建立起一个新的认知。

8. 其他常见技术

在心理危机干预过程中，主要根据当事人的不同情况和心理危机干预工作者的专长，采取相应的心理危机干预疗法，如支持性心理疗法、当事人中心疗法、意义疗法、放松疗法、音乐疗法、绘画疗法、阅读与写作疗法、药物疗法、催眠技术、负面情绪打包处理技术等。

9. 团体干预的基本技术

团体干预是与个别干预相对应的一种干预形式。在一个心理危机干预团体中，成员往往面临相似或相通的问题或障碍。应急志愿者等心理危机干预工作者运用各种心理治疗理论和技术，借助团体形成的氛围和力量，指导团队成员对共同的问题进行商讨和解决。团体中的每个人（包括干预者）都会从团体中得到帮助，收获更多的感悟，实现度过危机、健全人格的目的。可以说，危机当事人既是接受干预的人，又同时是干预者。应急志愿者必须在专业心理危机干预团队或组织支持或督导下才可开展团体工作。

心理危机团体干预是在团体情境下提供心理援助与指导的干预形式，心理危机干预工作者根据团体成员的相似性组成团体，通过商讨、训练和引导，解决成员相似或相通的心理问题或心理障碍。个体在团体内的人际交往中进行观察、学习和体验，认识自我、分析自我、接纳自我，学习新的态度与行为方式，增进适应能力，预防或解决问题并激发个体潜能，从而发展良好的生活适应。心理危机团体干预一般由1~2名应急志愿者等干预者主持，称为团体领导者，并配有1~2名助手，协助领导者开展活动。参加团体干预的活动者称为团体成员。团体成员少则3~5人，多则几十人。包括分组的技术、处理成员负面情绪的技术、激发参与的技术、角色扮演的技术、团体讨论的技术、团体行为训练技术、结束的技术等。

第二节 / 组织与实施

当危机事件发生时，应急志愿者应在应急管理部门的统一领导和指挥下开展心理危机干预的组织与实施，协助尽快制定干预预案、组织协调各部门或专家团队或应急志愿者团队，进行应急干预响应及终止。

一、准备工作

准备阶段的主要工作目标是明确心理危机干预的事件和对象，明确工作目标，完善工作流程，干预实施的管理与协调。

（一）事件分期

危机前期： 此时，各种谣言传播，非正式信息所造成的负面影响力增大，官方信息影响力下降。这个阶段会造成人群中的暗示心理、从众心理增强，个人或部分群体成员开始出现恐慌、焦虑情绪，甚至失去理性。

危机早期： 事件已经启动，开始出现人员伤亡和财产损失，救援行动开始启动。此时谣言会继续传播，非正式通道成为主要的信息来源，而正式信息通道可能有一定程度的阻塞。一些成员开始出现心理恐慌、心理休克和心理麻木，部分群体成员开始出现非理性行为，对事件发展方向作出各种预期。

危机中期：事件已经发生，基本生活设施被破坏，发生大规模人员伤亡和财产损失，造成的影响向周边地区扩散。救援活动加强，但受到灾难阻碍。正式信息通道通常被阻塞，大多数成员出现严重恐慌、心理休克和心理麻木，大量出现非理性行为。

危机后期：事件已经停止或结束，正式信息通道部分恢复，出现有关危机处理的谣言。部分成员心态回归平静，非理性行为得到一定的控制，但此时通常出现因人员伤亡、财产损失导致部分成员的各种心理问题。

后危机期：常见于灾后重建，信息通道恢复，大多数成员行为回归理性。适宜诊断急性应激障碍、创伤后应激障碍。

（二）人员分级

同样需要了解潜在被干预人群的数量和地域分布，并将其划为不同等级：

第一级：直接卷入危机事件的个体，受伤、严重财产损失、亲人伤亡；第二级：与第一级人员有密切关系的人；第三级：从事救援或搜寻的工作人员、志愿者、记者等；第四级：可能与危机事件发生、发展有相关责任的领导或个体；第五级：临近灾难场景时出现心理失控的个体。第一级和第二级人群是心理危机干预的重点。

二、志愿者招募

在自然灾害、突发事件或者自杀等情况下进行现场干预时，危机干预人员一般应以团队方式出现，有关方面可以结合日常登记和储备情况定向招募应急志愿者，包括有实战经验的心理咨询师、有精神科医疗背景的医护人员、有基层服务经验的社会工作者、疾病防控人员等，并接受专业培训，进行任务分配。

三、危机干预目标与流程

一般出发前应考虑准备的物资有：①必要的药品：包括急诊常规用药、精神科常用药物等；②心理健康教育读本：出发前应立即印制相关的心理健康教育读本；③心理危机评估工具：充足的、较为齐全的心理危机评估工具或设备；④相关的技术手册：现场干预培训手册、各类干预技术指导手册等。

（一）确定目标

在确定了危机事件的发展阶段和首选干预对象后，接下来需要确定心理危机干预的目标。一般来说，主要包含三个层次的目标：降低危机中个体自伤或伤人等伤害性行为的危险；降低危机中个体疾患继发应激/创伤相关障碍的风险，恢复正常水平；提高当事人的危机应对能力，促其成长。

（二）完善干预工作流程

确定心理危机现场干预组织体系和相关职责；根据目标人

群和干预成员人数，排出工作日程表；专家组根据前期评估的结果迅速给政府及相关部门提出建议；制定针对事件本身的心理健康教育方案；根据不同目标干预人群确定主要干预技术；现场心理危机干预工作的规范；团队开展工作时，可能获取到的社会支持系统和资源；对当事人的追踪和随访，对应急志愿服务的总结与复盘；应急志愿者的培训和督导、志愿服务计时管理等。

四、心理危机干预实施

（一）建立工作保障环境

建立应急志愿者等危机干预人员的生存环境和工作环境，保障心理危机干预能够按照目标与计划顺利进行。与现场指挥中心建立联系，获得工作许可；与现场指挥中心协商工作的内容和范围；建立确保安全的生存和工作环境；与其他危机干预机构和人员形成相互支持、相互协作的关系；与当地政府、社区领导、非政府组织建立相互支持、相互协作的关系。

（二）心理危机干预评估

一般来说，心理危机评估至少应包括以下几方面内容：①确定突发公共事件和重大自然灾害的性质以及严重程度：包括事件的性质、影响面、影响程度、影响人群的分类等；②确定相关人群的心理健康情况：团体评估和个体评估、自评和他评相结合的方式开展；③确定伤害性行为的危险性；④预测突发公共事件和重大自然灾害中造成的心理健康和精神卫生方面的问题及需求。

（三）现场组织与实施

根据评估计划实施评估，展开群体心理危机水平的评估，包括：严重程度与涉及的人群比例、继续发展和变化的态势、现场及现场外可利用的资源、群体危机干预的主要障碍。展开个体心理危机水平的评估，包括：心理危机的严重程度、躯体和精神状态、应对打击的内外部资源。

分别对幸存者的心理状态、搜救者的心理状态、失友（丧亲）者的心理状态、创伤后的心理状态进行报告描述，制定后续干预实施的具体计划和方案。危机干预实施需以团队方式开展，应急志愿者应分工协作，不仅具有危机干预的操作能力，还应有报告撰写、沟通协调等综合能力，以应对实施中的各种困难，确保工作目标实现。

（四）工作者胜任力

危机干预应急志愿者或心理志愿者应具有以下基础胜任力：具有社会心理服务的相关工作经验，具有精神卫生医师或护师的从业资格，二级或三级心理咨询师职业资格，初级或中级社会工作者职业资格，或接受过相关危机干预培训的志愿者，经过如何接热线，如何评估危机风险等级及处置的训练，能在有督导的情况下及时规范处置危机干预。

因危机干预比一般的心理咨询需要更多的及时性、灵活性和指导性，需要应急志愿者快速与准确的思考和反应，才能更好地帮助当事人。

第三节 / 特定心理危机的应对策略

特定的心理危机篇章，针对常见危机的心理干预做细致的指引，让应急志愿者清楚可能遇到的问题。这部分也需要更专业的技术和方法。应急志愿者需要评估自己是否具有处理相关危机的经验和能力，慎重从事。尊重生命是应对的终极策略，沙泽尔“寻解视角的三条黄金定律”是指引我们助人的最好良方：“如无破损，且由得他；如见成效，继续尝试；努力无效，另寻他法。”

一、急性应激障碍（疾病分类）

（一）可能症状

急性应激障碍，应激源的影响与症状的出现之间必须有明确的时间上的联系。症状即使没有立刻出现，一般也会在几分钟之内出现。症状包括：初始阶段的茫然状态，伴有抑郁、焦虑、愤怒、绝望、活动过度、退缩，且没有任何一类症状持续占优势。如果应激性环境消除，症状会迅速缓解；如果应激持续存在或具有不可逆转性，症状一般在24~48小时开始减轻，并且大约在3天后变得十分轻微。

（二）应对策略

针对当事人产生应激障碍的原因采取对应的护理措施，重点在于：保障当事人安全；满足当事人的基本生理需求、稳定当事人情绪，增强当事人应对能力。

安全护理：提供安全舒适的休养环境，减少外界刺激；置当事人视线内观察；杜绝房间内及当事人携带危险物品如刀剪、绳索、玻璃等；对有消极言行、自杀危险性高的当事人加强心理沟通，及时掌握其心理变化；当事人有兴奋躁动、行为紊乱、冲动出走等行为时，需专人看护。

脱离应激源：帮助当事人尽快消除精神因素或脱离引起精神创伤的环境，不要让当事人见到引起精神创伤的人、物或提及相关的话题，最大限度地避免被进一步刺激。

支持性心理干预：干预者与当事人双方建立良好的信任关系；鼓励当事人倾诉内心感受和自我应对方法；认同、理解、支持和接纳，消除其焦虑紧张情绪；帮助当事人学习应对不良事件的技能，正确应对创伤性体验，恰当处理人际关系，积极参加社会活动，增强信心。

对家属的健康教育：教育家属对疾病有正确的认识，减少不良因素对当事人的刺激；指导家属理解当事人，既要关心尊重当事人，又不能过分迁就和强制，教会家属帮助当事人恢复社会功能。

二、创伤后应激障碍（疾病分类）

（一）可能症状

创伤后应激障碍必须有证据表明它发生在极其严重的创伤性事件后的六个月内。除了有创伤依据外，当事人还必须有在白天的想象或睡梦中存在反复的、闯入性的回忆或重演等症状表现。

（二）应对策略

针对创伤后应激障碍的应对策略包含了药物治疗、心理治疗、中医中药治疗等。到目前为止，心理治疗已成为治疗创伤后应激障碍的有效干预措施，主要包括以下心理治疗方法：

暴露疗法：通过将当事人暴露于想象的恐惧刺激或置身于严重恐怖环境之中，从而达到消退条件性情绪反应的目的。恐惧刺激包括与事件有关的环境线索及由创伤记忆本身引起的情绪反应。

认知疗法：简称CBT，根据认知过程能够影响情感和行为的理论假设，通过认知和行为技术改变当事人不良认知的治疗方法。认知疗法常采用心理应对、问题解决、认知重建等技术对当事人进行心理辅导和治疗，其中认知重建最为关键。

“5・12”汶川大地震发生后，对创伤后应激障碍人群及震后当事人使用白龙解郁颗粒有一定的疗效，特别是对躯体症状及抑郁、焦虑、恐惧等不良情绪有一定改善。在针灸方面，通过对“5・12”汶川大地震创伤后应激障碍当事人采取不同针灸方法治疗，发现电针头穴组治疗创伤后应激障碍安全有效，依从性好，副作用小且轻微。

三、灾难及公共安全事件相关危机（地震、水利、消防、新冠等）

（一）基本概念

灾难指自然发生的事件，主要指在人们生产、生活活动过程中突然发生的、违反人们意志的、迫使活动暂时或永久停止，同时造成人员伤亡、经济损失或环境污染的意外事件，会导致大量人员伤亡或重大经济损失。

公共安全危机事件是危机事件的重要组成部分，是自然灾害、事故灾难和由社会对抗引起的社会冲突行为，即涉及危及国家安全、公共安全和社会秩序，威胁公民生命财产安全，需作出及时反应的事件。其具有突发性、破坏性及不确定性等特点。

（二）分类描述

对灾难进行的分类，因使用的标准不同而异，从预防和准备的角度，灾难可以分为以下几类，见表4-5。

表 4-5　灾难分类表

自然灾难	地震、洪水、台风、龙卷风、山崩、火山爆发、旱灾等
人为灾难	技术灾难，如毒物、化学和核事故、水坝坍塌、交通事故等
复杂紧急情况	包括战争和其他武器冲突，或者其中之一与自然灾难的混合

其中，复杂紧急情况是具有自然灾难因子（如旱灾和洪水）和其他灾难因子的人为事件。政治、经济和自然系统之间广泛的互相依赖有时甚至可以使主要为自然性的事件变成复杂的社会事件。公共危机事件具有极大的威胁性、紧迫性、震撼性和后果不确定性。

（三）应对策略

判断问题：在与被救援者接触过程中，需细致观察其举止和表情，判断其自信心丧失、意志消沉的程度及心理状态，是否存在紧张、迟钝、不安、犹豫、自责等情绪问题。同时分析其是否具有自我心理调整能力，从而考虑采取何种有效的心理疏导。

温暖帮扶：帮助成年被干预者可提供基本生活必需品如食物、衣服、庇护所等，同时处理他们的情绪反应，如悲哀、焦虑、麻木、伤心、愤怒、突然失控、担心灭顶之灾等；帮助未成年被干预者，则需提供温暖的怀抱，让他们有安全感。

积极接纳：干预者必须无条件地以积极的方式接纳所有求助者，让被干预者感到，参与危机干预工作的人是以可靠的、关心的、积极的、不偏不倚的态度处理危机事件。

社会性支持：运用支持性心理咨询与治疗技术给予处在心理危机的当事人以情感支持。通过无条件接纳、价值中立、解释、积极暗示等支持性心理技术，认同其各种非理性情感变化，疏导和减轻其焦虑、恐惧、内疚、自责等负性情绪。调动社会支持资源给予当事人关心和帮助，有助于缓解其职业心理压力，降低心理危机反应，防止各种严重心理疾病和精神障碍的产生。

认知模式干预：干预者可通过集体晤谈、心理分享、心理叙述和观察等技术，引导当事人正确认识所发生的危机事件，建立合理认知模式，纠正不良信念和自我否定的心理偏差，提高心理应激能力。

应对方式干预：应对方式指一种缓解情绪紧张、维持心理平衡、调节行为表现使之符合外界要求的方法和手段。干预者要对有心理危机的当事人所使用的心理应对策略进行仔细分析研究，明确指出哪些心理应对策略是消极无效的，应该放弃，并指导其选择积极有效的应对策略，帮助其有效应对危机事件。

积极关注助其成长：干预者应在共情的同时，充分关注和挖掘当事人言行积极的一面，鼓励其重树信心、使其恢复自我意识和生存价值感，调动本身的自助潜能去获得心理成长，转危为机升华自我心理素质的提升。

第四节

/

志愿服务在心理援助方面的重要作用

在突发事件中，人们面临各个方面的不确定性，当个体面对自己难以掌握和控制的大型灾害而感到慌乱无助时，他会寄希望于社会提供的安全感与秩序感，一旦这种心理需求无法被满足，人们就会产生严重的心理困扰。而这样具有群体特征的心理反应若不能得到及时、有效处理，则会引发社会民众的负性衍生行为，直接威胁社会稳定。

将心理危机干预、心理辅导等应急社会心理服务纳入应急管理体系，这是社会治理的创新化发展，是应急管理的新时代特征。它不仅面向受灾相关个体（当事人），还可以面向紧急状态下的社会整体，关注在应急状态下社会群众的心理需求，是“以人民为中心”的服务，关系到人民在面对重大疾病困苦、灾难时心理的健康，关系到新时代社会治理的价值导向，关系到国家的和谐和安定。

应急志愿者作为紧急状态下专业应急救援力量的补充，发挥着非常重要的作用。心理应急志愿服务属于新兴方向，还需要一些时间总结并提炼过往经验，积累优秀服务案例，遵守专业伦理，建立专业边界、知晓自己的能力范围、不断提升专业技能都是非常重要的部分。

一、未雨绸缪积极预防

为了更好地帮助有严重心理问题的人们渡过心理难关，我们需要及早预防、及时疏导、有效干预、快速控制人群中可能出现的心理危机事件，降低心理危机事件的发生率，减少因心理危机带来的各种伤害。心理危机预警机制是在心理危机爆发前，对危机进行预测并干预，尽量阻止危机的形成。心理危机预警是通过预警系统对预警对象的相关信息进行分析和研究，做系统的评估，对可能出现的危机因素，作出防范举措，从而将心理危机发生的可能性、突然性和意外性降低，及时发现和识别，将可能发生的心理危机造成的负面结果控制在最小范围。

初级预防：全面宣传，积极预防。初级预防是希望在有关情况开始之前就阻止它出现。对此可以采取下面的措施：比如说，教给个体一些处理问题的技巧，这样他们就可以有更强的复原能力，减少他们对周围环境的消极认识，即减少可能导致焦虑或抑郁的因素；还可以积极开展全面心理健康教育，引导个体学习心理健康知识，学习简单心理情绪调节方法，为积极预防打下基础；还可以将心理调节、情绪释放的方法制定成《心理健康宣传手册》发放到每个个体；或者开展心理教育培训，开放心理微课课堂，全面宣传心理科普知识。

二级预防：精准摸排，及时疏导。二级预防的目标是努力限制疾病的持续时间和可能的危害。可以通过开放线上心理测试平台，对个体心理需求进行调研了解，精准摸排，及时发现，及早介入，采用多种方法进行心理疏导，或将这些能用于实际生活中的方法教给个体，通过早期鉴定和及时治疗实现上述目标。

三级预防：针对治疗，降低危害。三级预防是要通过防止复发来控制心理疾病的长期影响。可开通心理咨询预约热线，为产生焦虑、抑郁等不良心理情绪的个体提供线上和线下帮扶。为个体提供精准针对性的、长期跟踪的心理治疗，以降低心理危害。

二、急难险重第一响应

在世界各国的应急管理中，志愿者已成为一支重要的救援力量。心理志愿服务已成为风险灾难应急救援的重要组成部分，成为一个国家充满人文关怀精神的标志。在风险灾难应急救援中，政府的救援行动难以覆盖灾民更细微、差序化的需求，心理志愿服务的重任就历史地落到了社会组织与志愿者的肩上，志愿服务在风险灾难的应急救援中具有独特的优势。志愿服务在心理危机干预、心理辅导方面也存在困境，提升志愿服务、心理服务方面的能力，应围绕“政府主导、相互协作、专业支撑、社会参与”的原则，紧密结合心理服务的特点，构建完善的志愿服务心理救助法规体系，建立常态化的社会心理应急服务疏导机制，加快心理志愿服务专业队伍建设，构建立体联动的心理救助服务体系，完善多元的社会心理健康教育体系。

应急志愿者须根据应急管理指挥系统的指示，开展心理危机或心理辅导的相关工作，应充分理解应急心理志愿服务急迫性和专业性的特点，第一时间响应相关需求，提供规范科学的心理志愿服务。心理应急志愿者应具备参与心理应急救援的良好素质与技能，特别是自我心理健康及科学专业服务的意识，避免对当事人造成二次心理伤害。

对于在重大抢险救援中遭受心理创伤的应急志愿服务人员，应建立由亲人、朋友和同事、心理志愿者构成的个人危机应对系统、社会情感支持系统。

三、事后长期抚慰陪伴

心理危机干预指对处在心理危机状态下的个人采取明确有效的措施，使之最终战胜危机，重新适应生活。这个过程不是一次两次的心理辅导和危机干预就能够解决的，必须坚持动态评估和长期的抚慰与陪伴、支持，以达到应急心理志愿服务的根本目的：避免自伤或伤及他人、恢复心理平衡与动力。

现在很多学者从社会心理刺激与个体心理健康之间的关系角度来界定社会支持，并达成了共识。一致认为社会支持是指人们通过与其他人交往所建立的某种联系，这种关系能够降低心理压力，使抑郁情绪得到放松，并提高环境适应能力的影响。主要的支持和帮助的来源有：社会、团体、朋友和家庭成员。社会支持从性质上可以分为两种，即客观社会支持和主观社会支持。客观社会支持是指能够保障人们生存的物质的需要的总和，包括社会的、心理的、生理的。这类社会支持是不管个体是否能感受到都客观存在着。主观社会支持是个体主观上能够感受到的支持。个体对社会支持的利用度越高，越能够从中获益，使身心状态有健康的保障。

需要强调，应急志愿者团队一定时期的陪伴和社会支持，会让当事人感受到在这个世界上他不是孤单的，有一些陌生的人以背后模式支持着他。大量关于PTSD的研究表明，社会支持对创伤事件的善后处理是非常有作用的。有研究发现，家人朋友甚至有比心理咨询师更大的抚慰优势。所以，陪伴是应急志愿者能做的最重要、最主要的帮助。

对于有强烈的自杀意念或自杀未遂的对象，要对他们给予特别的关心，对其要密切监护，制定可能发生危机的防备预案，随时防止其心理状况的恶化，进行定期跟踪咨询及风险评估。

很多研究与实例证明，在发生突发灾难事件时，心理危机干预或心理辅导可起到缓解痛苦、调节情绪、塑造社会认知、调整社会关系、整合人际系统、鼓舞士气、引导正确态度、矫正社会行为等作用。有效的心理危机干预和心理辅导可帮助人们获得生理、心理上的安全感，缓解乃至稳定由危机引发的强烈的恐惧、震惊或悲伤的各种情绪，恢复心理的平衡状态，对自己近期的生活有所调整，并学习到应对危机的有效策略与健康行为，最终促进增进心理健康。

大应急时代背景下，心理危机干预和心理辅导是科学精神、科学技术手段和人文关怀的结合，不仅体现了“以人为本”的社会文明理念，也体现了救援机制的进一步完善与成熟。心理应急救援演练是检验志愿者队伍作战能力，提高志愿者队伍综合素质的重要途径。心理应急志愿者也应保持开放之心，用多元视角和专业技术，融入志愿服务团队，服务社会应急需要，接受业务督导和培训。让我们团结起来，携手共促社会安定团结，让应急志愿服务和心理援助志愿者的工作成为充满人文关怀精神的标志。

参考文献

[1] 何忠杰. 再论急救白金十分钟[J]. 解放军医学杂志，2012，37（5）：391-393.

[2] 何忠杰，刘庆阳，王永刚. 白金十分钟时效应急理论发展及其在应急救援中的实践意义[J]. 中国急救复苏与灾害医学杂志，2019，14（9）：810-814.

[3] 何忠杰，刘庆阳，谷向民，等. 构建2022年北京冬奥会“白金十分钟”、“黄金一小时”时效应急医学救援体系[J]. 中华卫生应急电子杂志，2021，7（6）：359-361.

[4] 谷向民，刘庆阳，何忠杰，等. 中国近15年院前围心跳骤停心肺复苏心跳恢复率变化趋势[J]. 中华卫生应急电子杂志，2022，8（4）：95-101.

[5] 何忠杰，赵哲炜. “公众围猝死”的定义、分期与应对防范策略[J]. 中华卫生应急电子杂志，2018，4（6）：75-78.

[6] 何忠杰，黄立峰. 围心跳骤停期的概念、定义、分期与临床意义[J]. 中华卫生应急电子杂志，2019，5（6）：321-324.

[7] 王永刚，史继学，何忠杰. 围心跳骤停期患者心理照顾方案[J]. 中华卫生应急电子杂志，2020，6（2）：65-68.

[8] 西华德. 压力管理策略[M]. 许燕，等译. 北京：中国轻工业出版社，2008.

[9] 美国精神医学学会. 精神障碍诊断与统计手册（案头参考书）（第五版）[M]. 张道龙，等译. 北京：北京大学出版社，2014.

[10] 世界卫生组织. ICD-10精神与行为障碍分类[M]. 范肖冬，等译. 北京：人民卫生出版社，1993.

[11] 赵国秋，汪永光，王义强，等. 灾难中的心理危机干预：精神病学的视角[J]. 心理科学进展，2009（3）:489-494.

[12] 陈道明.心理危机干预研究[M].北京：现代教育出版社，2009.

[13] 童辉杰，杨雪龙.关于严重突发事件危机干预的研究评述[J]. 心理科学进展，2003，11（4）:382-386.

[14] 浙江省中小学心理健康教育指导中心.浙江省中小学校园心理危机干预指导手册[M].宁波：宁波出版社，2014.

[15] KanelK.AGuidetoCrisisIntervention[M].Belmont:CengageLearning，2011.

[16] 金宁宁，左月燃，罗敏，等. 突发灾难事件的心理危机干预[J]. 护理管理杂志，2005，5（1）:35.

[17] 单丽艳，张丽华，康贝贝. 认知行为疗法的研究进展[J]. 黑龙江医药科学，2011，34（5）:41-42.

[18] Mitchell J. T&G. S. Everly. Critical Incident: Stress Debriefingan Operations Manual for the Prevention of Traumatic Stress Among Emergency Servicesand Disaster Workers[M]. Ellicott City: Chevron Pub Corp，1993.

[19] ShapiroF. EMDR Therapy: An Overview of Current

and Future Research[J]. European Review of Applied Psychology, 2012, 62(4):193-195.

[20] BergerRJ，等．犯罪学导论：犯罪、司法与社会[M].第2版.刘仁文，等译.北京：清华大学出版社，2009.

[21] Briere，J.心理创伤的治疗指南[M].徐凯文，译.北京：中国轻工业出版社，2009.

[22] FranklVE.追寻生命的意义[M].何忠强，杨凤池，译.北京：新华出版社，2003.

[23] GiUilandBE，JamesBK.危机干预策略[M].肖水源，等译.北京：中国轻工业出版社，2000.

[24] JamesRK，GilllandBE.危机干预策略[M].第5版.高申春，等译.北京：高等教育出版社，2009.

[25] JeffreyS，NevidSA，GreeneRB.变态心理学：变化世界中的视角[M].上海：华东师范大学出版社，2009.

[26] JohnsonSL.心理诊断和治疗手册——给心理治疗师的指南[M].卢宁，译.北京：中国轻工业出版社，2008.

[27] KolskiTD.危机干预与创伤治疗方案[M].梁军，译.北京：中国轻工业出版社，2004.

[28] 边玉芳.青少年心理危机干预[M].上海：华东师范大学出版社，2010.

[29] 段鑫星，程婧.大学生心理危机干预[M].北京：科学出版社，2006.

[30] 胡佩诚.心理治疗[M].北京：人民卫生出版社，2006.

[31] 邱鸿钟，梁瑞琼.应激与心理危机干预[M].广州.暨南大

学出版社，2008.
[32] 王卫红.抑郁症、自杀与危机干预[M].重庆：重庆出版社，2006.
[33] 武志红.解读“绝望”：自杀与杀人背后的心理分析[M].北京：世界图书出版公司，2011.
[34] 徐光兴.创伤危机干预心理案例集[M].上海：上海教育出版社，2010.
[35] 顾瑜琦，孙宏伟.心理危机干预[M].北京.人民卫生出版社，2013.
[36] 蔺桂瑞.北京市高校心理危机预防干预工作指导手册[M].高等教育出版社，2013.
[37] 汪卫东.中医心理危机干预与灾后常见心理疾病防治手册[M].北京：中国中医药出版社，2008.
[38] 郭薇.心理危机干预概论[M].成都：四川科学技术出版社，2007.
[39] 王晓刚.大学生心理危机预防与干预标准化体系研究[M].杭州：浙江工商大学出版社，2016.
[40] 希尔达·洛克伦.不同理论视角下的危机心理干预[M].北京：知识产权出版社，2013.
[41] 秦虹云，季建林.PTSD及其危机干预[J].中国心理卫生杂志，2003，17（9）:314-616.
[42] 张勤，李加佳.风险灾难中的志愿服务心理救助能力研究[J].学习论坛，2018（9）:47-52.